Kryon

EL NUEVO HUMANO
La Evolución de la Humanidad

Kryon
Libro 14

vesica piscis

Título Original : **THE NEW HUMAN, the Evolution of Humanity**
Kryon Book 14
Copyright © 2017 Lee Carroll

Copyright © 2017 por Ediciones Vesica Piscis
Thomas Edison, 21
29170 Colmenar, Málaga ÷ España
Tel y Fax: 952 730 466
edito@vesicapiscis.eu
www.vesicapiscis.eu

Traducción: Leonor Botero
Revisión: Sylvie Duran
Ilustración portada Vesica Piscis

ISBN: 978-84-15795-26-1

Primera impresión: septiembre 2017
Impreso en España
D.L.: MA 1154-2017

Todos los derechos reservados. Ninguna parte de esta publicación puede ser reproducida, guardada en un sistema de recuperación ni transmitida de ninguna forma ni por ningún medio, ya sea electrónico, mecánico, de fotocopia, de grabación o cualquier otro, sin el previo permiso por escrito del editor.
El logo Kryon® es una marca registrada en la oficina de patentes de Estados Unidos.

En memoria de...

Martine Vallée

Los vientos del tiempo soplan constantemente… incesantemente. Algunas veces traen maravillas y cosas dulces y otras veces esos vientos son duros. El trabajar con ambos es la prueba del Alma Antigua así como el saber inclinarse de acuerdo con el viento, sin romperse.

Algunas veces es más fácil decirlo que hacerlo.

Martine Vallée fue una increíble luz brillante para mí y para tantos otros. Ella y su hermano Marc se convirtieron en nuestra puerta franco canadiense al mundo. Por más de veinte años, tradujeron y publicaron la sabiduría de Kryon de cada uno de los libros al idioma francés. Como socia original de la Editorial Ariane, Martine también fue instrumental en sacarme de mi caparazón para viajar a Francia en mi primer viaje a Europa.

Su partida de este mundo en septiembre de 2015 fue un golpe. Joven, vivaz, todo le importaba, ella era una fuerza para la integridad de todo lo bueno en este planeta. Luego se fue.

Estos son los momentos cuando nos preguntamos "¿Porqué?" y cuando sacudimos nuestras cabezas tratando de entender los planes esotéricos del Espíritu. Para nosotros es algo inapropiado y doloroso. ¡Ella hizo tanto y no había terminado!

Kryon nos dice que "Nosotros no sabemos lo que no sabemos". Yo acepto esto y espero descubrir el regalo oculto que siempre es prometido. Pero mientras tanto ella es extrañada cada día que pasa.

Gracias Martine por enriquecer tanto mi vida.

Lee Carroll

Índice

Introducción 7

Capítulo 1
El Nuevo Humano Parte 1 43

Capítulo 2
El Nuevo Humano Parte 2 59

Capítulo 3
La Triada 69

Capítulo 4
El futuro del ADN 81

Capítulo 5
La plantilla oculta de la juventud 99

Capítulo 6
El ADN conceptual 119

Capítulo 7
Conciencia conceptual 139

Capítulo 8
La energía del futuro   159

Capítulo 9
Israel   177

Capítulo 10
Cinco en un círculo   239

NUEVO
Original,
reciente,
imaginativo,
creativo,
contemporáneo,
actualizado,
futurista.

NUEVO HUMANO
Compasivo,
humanitario,
amable,
considerado,
comprensivo,
tolerante,
abordable,
accesible.

Introducción

Saludos y ¡bienvenidos al libro catorce de Kryon! Bueno, quizás no es realmente el número catorce puesto que ¡he perdido la noción de cómo contar los libros de Kryon! Hace algunos años, muchos de los editores en idiomas extranjeros aprovecharon las canalizaciones y las secciones de preguntas y respuestas que están en el sitio web de Kryon e hicieron otros libros a partir de éstas, utilizando otros protocolos numéricos. Adicionalmente, en los últimos tres años se generaron tres libros más de Kryon que son compilaciones temáticas de las canalizaciones de más de 26 años. Entonces, creo que mejor debo decir "¡Bienvenidos a otro libro de Kryon!"

Es aquí cuando yo normalmente explico a Kryon, como si no supierais nada al respecto y os advierto que vendrán canalizaciones extrañas. Pero no esta vez. Este es mi veintiseisavo año y si estás leyendo esto es porque ya conoces esta bella y amorosa energía llamada Kryon. Si has cogido este libro por accidente... ¡Ríete en voz alta! No hay accidentes. Continúa leyendo.

El libro trece de Kryon fue publicado a comienzos de 2013 y presentado justo después del "marcador" de 2012. Kryon llamó a esta transición un marcador porque era la coyuntura decisiva que determinó si la humanidad se iba a quedar o no. El libro se tituló "*La Recalibración de la Humanidad*". Estaba por ocurrir un cambio masivo que los Antiguos habían predicho. Kryon estaba aquí debido a eso y todo el libro esbozó cómo había ocurrido todo y reveló, como respaldo, profunda información de las eras. No era información de Kryon – era historia sagrada y había sido la profecía de la humanidad original durante siglos. Yo os invito a leer este libro si queréis tener un panorama completo de lo que ha comenzado a ocurrir en este planeta, así como las canalizaciones dadas justo antes de que este cambio se iniciara.

Y aquí estamos, unos años más tarde, comenzando a ver diferencias y a sentir algunos cambios. Para muchos, esta realidad cambiante llega con miedo, malentendidos e incertidumbre. Para la mayoría, cualquier cambio es incómodo. Esto significa que el síndrome de "esperar a que el otro zapato se caiga" está bien vivo y que la humanidad está moviéndose lentamente hacia una era que no tiene un patrón de normalidad. Estamos en un cambio mayor y estamos siendo empujados y tirados en muchas direcciones mientras comenzamos a evolucionar espiritualmente.

Para daros realmente la esencia de lo que trata este libro, voy a revelaros algo que me ocurrió y que ha sido un secreto en mi vida por años.

21 de Diciembre 2012

Algunas veces la memoria akáshica puede hacerle trucos a uno. Puede revolver lo que es y donde está y cambiar la realidad en sí misma. Normalmente lo hace durante los sueños; sin embargo, si uno ha dado permiso e intención para que las experiencias de vidas pasadas salgan a flote *ahora,* la realidad en si misma puede cambiar temporalmente. Algunas veces esto puede ocurrir,

Introducción

incluso si no cree que ha dado la intención para ello pero en cambio ha comenzado a interesarse en cosas esotéricas y estudiado energías que son nuevas. ¿Tuviste alguna vez una experiencia en la que parecía que tu cerebro estuviera todo "revuelto", o te encontraste de repente con un cambio súbito e inesperado en tu vida? Shhhh.... no sabías que yo lo sabía, ¿no es así? Nunca le cuentes a alguien si esto llega a ocurrirte. Eso es lo que hace que los servicios siquiátricos estén tan congestionados. Entonces, por supuesto, este es nuestro secreto – ¡episodios akáshicos que cambian la realidad! Y es más común de lo que tu crees entre las Almas Antiguas.

Es posible que hayas visto esto solo en películas, cuando la música se vuelve serena y suave y la sonoridad de los tonos parece estar direccionada hacia el "cambio" que está por ocurrirle a alguno de los personajes principales. Algunas veces la pantalla estará sobresaturada de blanco y la imagen se difumina entre los pixeles de la brillantez y los objetos adquieren leves halos a su alrededor. Es magia fílmica que dice "prepárese para lo irreal". Sin embargo, en mi caso no había película – ni música – ¿o las hubo?

Yo estaba en Hawai, que es, en mi corazón, el punto central del planeta. Era de mañana y estaba caminando hacia un lugar donde 900 personas iban a reunirse, cantar, celebrar y a darle la bienvenida a una nueva era en la Tierra. Era una gran reunión metafísica, con el Dr. Todd Ovokaitys y el coro de los Tonos Pineales. Yo iba a canalizar muchas veces a lo largo del evento durante todo el día y sabía que iba a ser algo importante, elegante, energético y profundo. Pero mientras pasaba por un lugar desde el cual se veía el océano, de repente ya no estaba ahí. Era un día típicamente hermoso en Maui y un viento suave estaba soplando desde el mar. Se sentía como la respiración de la Madre Naturaleza – Gaia – acariciando suavemente el aire para proporcionar una brisa benigna y benevolente que pudiera aliviar a cualquiera que estuviera en su camino. Podía escuchar el eterno e interminable sonido del oleaje, que comenzó a cantar dentro de mi Akasha - ese lugar en el ADN donde están almacenados todos los recuerdos de todas las vidas. Pensé en cómo aquellos que vivieron aquí hace siglos, habían disfrutado del mismo sonido que yo disfrutaba en ese momento, pero de alguna manera eso se combinó con el momento – estaba deslizándome lentamente en una neblina de mi pasado. Estaba *aquí* y *allá,* al mismo tiempo. Este oleaje constante y golpeante había estado rompiéndose y dando la vuelta sobre sí mismo durante eones, justo aquí, donde yo estaba. Era una fuerza impresionante y poderosa que contenía los secretos de la historia. Lo había visto todo y había resistido guerras y tormentas y la dispensa de las eras de la Tierra y nunca se detenía.

La liberación emocional ocasionada por un viento cálido en la cara, en medio de un escenario oceánico estelar, no cambia mucho a través de los milenios, por lo menos no el sentimiento que se genera de eso. De alguna manera, lleva consigo algo de la humedad del oleaje a la cara, al cabello y de repente uno es parte de todo lo que alguna vez ocurrió allá. Algunas veces ni siquiera quiere respirar por miedo de que eso detenga la visión y otras quiere inhalarlo todo y es posible que tome la más grande respiración limpiadora posible. Uno cierra los ojos y dirige la cabeza en la dirección del sonido del oleaje – ese sonido que nunca se detiene – y sin importar quién está – está solo en ese momento.

Si lo permites, esta experiencia con la naturaleza te habla de una forma que está más allá de cualquier lenguaje conocido en la Tierra. Puede capturarlo a uno, como los cantos de sirenas sobre los cuales los marineros han sabido siempre. Puede transportarlo

Introducción

a lugares que son conocidos solamente por la historia de la arena bajo los pies. Yo me di cuenta de que, incluso miles de años atrás, el sonido de las olas y del viento en la cara en un día cálido, puede detenerlo a uno en su camino. Es casi como si escuchara *su propia música* y los elementos parecieran estar hablándole. ¿Qué me estaban diciendo a mi hoy? ¿Era solo viento, o había ahí otro lenguaje tratando de llegar a mí? ¿Quizás estos elementos prístinos estaban pidiéndome que me uniera a ellos tan solo por un momento? Quizás ellos estaban diciendo, *"¡Yo te conozco! – ¡Yo te conozco!"*

De repente, mis zapatos de vestir desaparecieron y estaba descalzo. Mi piel era de un color diferente aunque no tenía como verificarlo. Mi cabello era grueso y largo. Algunas veces uno simplemente "sabe" quién es, como cuando en un sueño es transportado a otro lugar y es otra persona completamente diferente. Yo sabía que había estado aquí, o por lo menos en esta isla, de una manera que no era lógica ni medible con nada que pudiera comprender. ¿Estaba canalizando? La sensación era similar y yo casi que esperaba ser llevado a ese lugar mágico donde pudiera ver realmente la luz de la creación y escuchar la música del otro lado del velo. Pero no fue así esta vez.

No sé cuánto tiempo transcurrió, pero me detuve y miré al océano. Sentí un poco de mareo, lo cual no es extraño para mí en estos días, pero si lo era en ese entonces. Me aferré a un poste tóscamente tallado que estaba convenientemente ubicado. Estaba consciente de su áspera textura y no quería astillarme porque el agua de mar haría que me ardiera cuando yo entrara al agua. ¿Qué? ¡Yo no iba a entrar al agua! ¿Qué estaba ocurriendo? ¿Estaba acaso teniendo un "momento akáshico" o había más?

No era la primera vez que me ocurría algo así en Hawai. Pero era la primera vez que casi "me domina" y casi me lleva consigo.

Mantuve mis ojos abiertos ya que en ese momento no quería perder el control. Esperaba que al tener mis ojos abiertos lograría mantenerme en mi realidad presente además de ayudarme con el mareo, pero finalmente, cerré mis ojos. Tenía que hacerlo. La *música* del oleaje era demasiado intensa y el sentimiento de tranquila serenidad era muy seductor.

Mamá estaba ahí, pero no era realmente Mamá. Era su voz, una voz que no escuchaba desde su partida, cuarenta años atrás. Pero después cambió y ya no era mi mamá. Era mi "mamá original". La voz era femenina pero su semblante era divino. ¿Quizás era la Madre Naturaleza o incluso Pele? Después de todo yo estaba en Hawai. Pero me fue dado un mensaje y lo he guardado hasta ahora. Ni siquiera aquellos más cercanos a mí han escuchado esta historia como ahora la explicaré. Era demasiado personal y lloro cuando trato de contársela a alguien. Yo sabía que estaba bajo presión por lo que iba a comenzar a hacer en unas cuantas horas. Por lo tanto estaba listo para tener un momento dulce y tranquilo. ¿Cuál era el mensaje? Era algo tan críptico y no lograba ensamblarlo. ¿Tuviste alguna vez un sueño y cuando te despertaste y trataste de hablar acerca de éste no parecía tener sentido? Ese fue mi caso hasta ahora. Hasta este libro.

No recibo mensajes con voces audibles lineares. Nunca fue así. Yo "escucho a Kryon" a través de visiones y de paquetes de pensamiento. Es difícil explicarlo pero he estado haciéndolo durante tanto tiempo, que ahora es algo absolutamente normal para mí. Es un lenguaje en sí mismo, como una intuición contínua que se queda ahí, para que yo pueda percibirla y es muy multidimensional. Para muchos podría parecer que está "regada por todas partes", pero para mí tiene sentido y la interpreto de una manera directa, lineal y lógica llamada lenguaje Humano. Es algo que tuve que aprender a hacer y aquellos que me escucharon en los primeros tiempos saben que sudaba tanto que tenía que cambiarme de camisa durante los recesos entre sesiones de canalización. Eso fue hace mucho tiempo.

Tuve la visión pero no fue lo que pensaba que sería. Estaba esperando lo que ya había visto antes – la revelación de mi rol como caminante en Maui hacia la cima de la montaña, hacia el Templo del Rejuvenecimiento. Esta era una imagen común y muy real para mí. Pero lo que siguió a continuación fue diferente – realmente diferente: era yo en el pasado antiguo – de nuevo y yo en el ahora, pero había algo raro y extraño. La voz maternal estaba sonando como ruido de fondo, pero las palabras no eran claras. En cambio, recibí imágenes – y ellas estaban por todos lados.

Mi cuerpo era viejo, pero no era viejo. Tenía años, pero no edad. ¿Cómo explico esto? De repente era un "Antiguo del futuro" y eso no tenía sentido. Me imagino que si se mide la edad en "años de Moisés", entonces eso no es realmente relativo a nuestra percepción de la edad. Estaba en un cuerpo joven con muchos años de vida. ¡Se medía en siglos! Sentía que todas las experiencias de mi Akasha estaban dentro de mí y vivas en la Tierra. Me sentía tan empoderado que casi podía volar y lo sabía absolutamente. La voz maternal continuaba sonando en el fondo pero yo no escuchaba claramente nada de lo que decía. Me di cuenta que esa voz era simplemente el *lecho de energía* que se necesitaba para que esta visión pudiera existir. Mi sabiduría era tan grande, ¡podría escribir volúmenes de libros sobre casi cualquier tema! Tenía control de mi salud y de la manera como quería envejecer y la física era mía. Lo sabía todo y sentía que podía controlarlo.

En mi mente, en ese momento, solo había una explicación: ¡Yo había sido un Maestro Ascendido en el planeta! Ahora ya entendí cuál es la interpretación real y me siento como un tonto por mi falta de comprensión perceptiva en ese momento. Ahora sabéis porqué nunca antes hablé de esto.

Todos estos años sentí que fue una visión del "ego", completa y totalmente fabricada por esa parte mía que trato de reprimir en mi vida. ¡Yo nunca iba a contarle a nadie que había tenido la visión de haber sido un Maestro Ascendido reencarnado! Eso sería lo peor que alguien podría escuchar y me pondría en esa categoría de gurús que quieren cobrar dinero por perdonar los pecados o hacer que uno se siente a sus pies por $5.000 dólares la hora para contemplar su propio ombligo (o el de ellos).

Pero ahora ya sé de lo que realmente se trataba este mensaje. Finalmente ya comprendo completamente lo que ocurrió ese día.

El Registro akáshico de nuestro cuerpo es multidimensional. Aunque sentimos que es lineal, algo así como un libro de historia, en realidad no lo es. Se ocupa de y recuerda, la *energía* de la emoción, de la compasión y de las lecciones de todas las vidas. Pero eso no es todo. También se proyecta. En el estado multidimensional, no hay tiempo lineal como lo conocemos. Es el *tiempo en un círculo*, con el potencial de energías que se repiten. Un círculo nunca termina y el tiempo nunca termina. No hay un comienzo ni un final en un círculo. ¿Entonces, significa esto que nuestro futuro también está contenido en ese círculo cerrado? ¿Cómo podría serlo, si nosotros creamos nuestro propio futuro a medida que avanzamos y por tanto los eventos no han ocurrido todavía? La respuesta es difícil más no imposible de enseñar. Piensalo de esta manera: en un círculo, un número infinito de posibilidades ya están ahí por una cantidad infinita de tiempo – todas las posibilidades. A medida que creamos cosas, activamos ciertas posibilidades que ya están ahí como potenciales,

Introducción

esperando ser activadas. Pero en el proceso de activar algo nuevo, también creamos la activación de otras posibilidades por venir que naturalmente están relacionadas con eso que hemos activado.

Tomo prestado eso que dicen Bruce Lipton y Gregg Braden cuando hablan de como la cuerda de una guitarra vibrará armónicamente si una frecuencia cercana se escucha lo suficientemente fuerte y tiene la misma nota de música de la cuerda de la guitarra. Entonces, sin ser tocada, la cuerda puede vibrar en resonancia con la otra cuerda que está sonando cerca de ella. El tiempo es parecido y si alguien crea algo profundo, tal como una invención que pueda cambiar al mundo, esto crea vibraciones resonantes con potenciales del futuro, ahora que la invención existe. Estas resonancias no son predicciones ni profecías. Más bien son simplemente cosas que resuenan en el círculo del tiempo que está por venir. ¿Confundido? Vale, aquí viene una metáfora.

Pensadlo de esta manera: pretended que estáis en un campeonato de baseball. Están casi empatados y hay un hombre en base tres. En esta situación, esa podría ser la "carrera ganadora" del juego y ese es un escenario para el futuro. Todos los aficionados resuenan con este escenario de ganar el juego y están ansiosos y aplaudiendo. No hay garantía de lo que ocurrirá después y muchas cosas podrían cambiarlo. Pero el tener un hombre en tercera base es un gran potencial de victoria. Entonces si alguien dice "¡Creo que ganaremos!", ¿es eso predecir el futuro? ¿Es acaso un pensamiento ilusorio o está sintiendo el potencial que hay ahí? El tener al hombre en base tres está resonando con un potencial de victoria – en el futuro.

El haber pasado el marcador de 2012 fue mucho más que pasar un punto crítico de nuestra historia. Fue una preparación para el futuro y todo comenzó a resonar en ese círculo multidimensional del tiempo. De acuerdo con los físicos cuánticos, este es el paradigma de cómo funciona realmente el tiempo. El tiempo también varía con la velocidad, la gravedad y quién sabe qué más cosas. Cada año que pasa estamos descubriendo nuevas cosas sobre nuestra realidad.

En Maui, no se me estaba mostrando quién había sido yo en el pasado. ¡Estaba recibiendo un mensaje de lo que estaba por venir! No lo entendí en ese momento y ahora me dan escalofríos al pensar en lo que realmente era el mensaje. ¡Este era el NUEVO HUMANO! Estábamos comenzando a tener una evolución del ADN y eventualmente tendríamos maestría sobre nuestra edad, nuestra salud, la física y nuestra propia realidad. Este planeta iba a convertirse en uno en "status de Ascensión," algo de lo que Kryon ha hablado desde su llegada en 1989. ¡Era una predicción!

El poste del cual había estado aferrándome se volvió de mármol pulido, tal como construido por el hotel. Mis pies tenían de nuevo mis zapatos de vestir y estaba ahí parado, perplejo. También estaba un poco irritado porque ahora mi cabello estaba despeinado por el viento – yo siempre trataba de mantener mi delgado cabello bajo control. Ahora sabía que *realmente* estaba de nuevo en la realidad. Mi curiosa y singular mente se preguntó si los Maestros tendrían mejor cabello.

¿Porqué había recibido ese asombroso mensaje? Una auto-importancia impulsada por el ego es equivalente a una sentencia de muerte en toda mi enseñanza. Kryon dice que esto detiene el crecimiento y lo lleva a uno en direcciones raras. Frecuentemente es auto destructivo.¡ He visto esto en mis propios círculos profesionales! Entonces, ¿porqué recibía un mensaje que parecía ponerme en un pedestal? En ese entonces no estaba listo para comprenderlo y ahora ya lo estoy.

Introducción

Siendo el canal de Kryon, ahora me siento como un principiante por no haber entendido este mensaje totalmente lógico. Era muy lógico que yo recibiera este mensaje debido a lo que estaba a punto de hacer: iba a participar en la celebración de haber pasado este importante marcador para la humanidad que generaría ondas en el tiempo, como la carrera ganadora en el baseball. Sabía lo que eso significaba, puesto que los potenciales de que sucediera habían sido canalizados una y otra vez. Entonces, camino al evento, Kryon estaba tratando de darme un mensaje profundo y estelar sobre lo que todos eventualmente lograríamos alcanzar. Estaba mostrándome un Humano totalmente diferente de aquel que podíamos concebir. ¿Y qué hice con este elegante mensaje? Lo reprimí, como si fuera un mensaje del ego y nunca lo dejé salir. Ahora escribo un libro sobre él.

La humanidad está al borde de un gran cambio de conciencia. Tomará un largo tiempo, pero el tiempo está garantizado y es abundante - de acuerdo con Kryon. El tiempo pasa y nosotros aprendemos y crecemos. Pero ahora nuestros caminos serán diferentes y es de eso de lo que trata este libro. Canalización tras canalización, Kryon nos ha dado algunos de los potenciales que están llegando a nuestro camino a medida que evolucionamos hacia una nueva conciencia para el planeta. Ahora sabéis porqué se llama "El Nuevo Humano". Es la evolución muy retrasada de la conciencia del planeta.

Oh, a propósito, le pregunté a Kryon si tendría un mejor cabello la próxima vez. La respuesta sonó como viniendo de mi propio cerebro. Sí lo hizo. Algunas veces siento que tengo algo así como un síndrome de Tourette realmente inapropiado y las cosas simplemente salen desenfrenadamente de mi cerebro.

"Cabello hoy, se irá mañana," fue la respuesta. La próxima vez probablemente no tendré cabello.

La metáfora del patio de juegos

A través de las canalizaciones de este libro hay referencias relacionadas con "salir del patio de juegos". Esta es una metáfora que Kryon ha utilizado constantemente y quiero explicarla. Si uno lo piensa, tiene mucho sentido.

Si el cien por cien representa la maestría, nuestra conciencia ha estado funcionando cerca del treinta por ciento durante eones. Nos referimos a esto como "Naturaleza Humana", pero realmente es una conciencia disfuncional. Estamos hechos para ser tanto más eficientes en tantas cosas, incluyendo la manera como envejecemos y la misma eficiencia de nuestro ADN. Pero estamos atascados en los bajos porcentajes cercanos al treinta.

La prueba real de esto es la historia de la humanidad. Nunca evolucionamos. Oh, tuvimos nuevos juguetes y nuevos inventos, pero nunca evolucionamos. Hemos estado en un modo básico de supervivencia y solo ahora estamos comenzando a salir de éste. Desde el comienzo de la historia, comenzamos matándonos unos a otros por recursos y por poder o por los caprichos de unos cuantos de la realeza. Nos dimos unos a otros el horror y el dolor de la guerra y de la muerte y el sufrimiento de millones. Y lo hicimos una y otra vez y otra vez. ¡Es como si nunca hubiésemos aprendido que eso simplemente no funcionaba! Una guerra llevó a la otra y frecuentemente era la misma guerra con los mismos jugadores de manera consecutiva.

A lo largo de la historia, algunos grandes filósofos nos han dado muchos aforismos que dicen que solo un tonto trata de hacer lo mismo una y otra vez esperando resultados diferentes. Nosotros somos los tontos. Una y otra vez, la guerra creó más guerra.

Es casi como si los países existieran para producir ejércitos y flotas de guerra. Y si uno mira los principales países de la Tierra, ¡TODOS lo han hecho! Somos una sociedad de guerra y lo triste de esto es que aún esperamos serlo. Las "ondas" del tiempo dicen que ¡estamos atrasados para otra guerra! Eso está tan arraigado en nosotros que se ha vuelto algo normal para la humanidad. De hecho, estamos esperando el siguiente episodio de nuestra disfuncionalidad... Hasta ahora.

No voy a repasar lo que ha ocurrido para cambiar todo esto. Eso lo hice en el Libro 13 de Kryon, *"La Recalibración de la Humanidad"*. Los Antiguos predijeron que si llegábamos más allá del Armageddon esperado para el año 2000 y pasábamos la precesión de los equinoccios de 2012, comenzaríamos a tener el potencial de una conciencia elevada. Esta profecía fue escrita en sus calendarios, grabada en las paredes de sus construcciones y garabateada en las rocas de las montañas donde ellos vivían. ¡Estaba en todas partes!

La definición de conciencia elevada es una conciencia que comience a trabajar unida, con compromiso y en cooperación para lograr que la sociedad funcione sin guerra. *No más guerra* sería algo "dado" y no el final de todo ni la meta principal. Sería el comienzo de un nuevo mundo y de una nueva manera de pensar. Kryon incluso ha predicho que eventualmente los historiadores llamarán a todo lo anterior a 2012, "La era barbárica". Incluso, existe la posibilidad de que de nuevo, lleguemos a denominar el tiempo a partir de este punto, tal como se hizo con a.C. y d.C. – representando un profundo evento que cambió la energía del planeta. Solo el tiempo lo dirá, pero mientras tanto estamos en una transición – un gran cambio.

Yo pregunto, Alma Antigua, ¿quién quiere guerra? En una energía de "ya no sentarse más sobre la valla" (como ha dicho Kryon), uno puede ver quién la quiere. La conciencia de supervivencia más baja y más básica del planeta todavía está haciéndolo, pero ahora todos logramos ver las diferencias en pensamiento y los "sombreros blancos y negros" están haciéndose más obvios para toda la humanidad. Es casi como lo muestran ahora las noticias. Hay ejércitos sin fronteras o sin siquiera un lenguaje común que simplemente quieren destruir la paz, matar a cualquiera que esté alrededor, decapitar ante la TV a integrantes de familias y crear pánico en lugares públicos con bombas que destrozan cuerpos. Este tipo de terrorismo es nuevo, nunca antes se había organizado así. Estos son nuevos tiempos en los cuales la oscuridad está yendo furiosamente contra la nueva luz que está comenzando a desarrollarse en millones de Almas Antiguas que están despertando en todas partes. La oscuridad está perdiendo fuerza y lo saben.

La mayoría de los que están leyendo este libro tienen niños. De hecho, todos nosotros fuimos niños alguna vez. ¿Recordáis lo que ocurría en el patio de juegos del colegio cuando teníais alrededor de ocho años? La psiquis no estaba desarrollada todavía. La mayoría de niños estaban apenas descubriendo cómo funcionaban las interacciones sociales con personas que no hacen parte de la familia. La auto-estima es un concepto elusivo que no se ha desarrollado en la mayoría de niños de ocho años.

El resultado es un microcosmos que muestra cómo funciona la humanidad. Muchos escogen a sus amigos cuidadosamente y se blindan contra otros grupos de chicos de otro sexo, raza, religión o vecindario. También están los matones, los tirapiedras o aquellos verbalmente abusivos que creen ganar poder por insultar a otros o por ser crueles con relación a la vestimenta o apariencia de los demás. Y así sigue y sigue. Es ahí cuando los niños llegan a casa llorando por lo que el uno le hizo al otro y es penoso y difícil para ellos. Y luego están las visitas a la oficina del director para pedir disciplina o mediación en estas situaciones dolorosas. A esa edad, todos estábamos simplemente creciendo. Algunos aprendían más rápidamente cómo tomar ventaja de las debilidades de los otros y a menudo tomaban el control. ¿Os suena esto familiar?

Ahora, pasad la página. Vuestros niños ya tienen dieciocho años. Tienen solo diez años más, pero de repente, todo ha cambiado. Hay una mayor madurez y conciencia de sí mismos y ahora estos adultos jóvenes se sienten más cómodos unos con otros. Se involucran en medios y redes sociales (o lo que sea que estaba en boga en el pasado). Tienen autos y se sienten más seguros de sus propias capacidades. Van y vienen libremente, se interesan los unos en los otros, en sus pasatiempos y vestimentas y en quién está haciendo qué. Ya no están aislados y sobreviviendo con ansiedad, temiendo lo desconocido – han madurado e incluso algunos están encontrando una elegancia gratificante en sus relaciones. Todavía hay algunos cuantos matones pero se han aislado a sí mismos en grupos de otros matones. Hay un molde establecido para todos sobre cómo "llevarse bien con otros". La escuela secundaria y la universidad son un *recreo* y frecuentemente son los mejores y más memorables años de la vida de una persona joven. ¡Solo han pasado diez años y tanto ha cambiado!

Kryon dice que ésta es la metáfora de lo que está sucediendo en el planeta. Nunca crecimos y hemos estado estáncados en el patio de juegos de la conciencia. Lo hemos hecho durante tanto tiempo que simplemente asumimos que la *Naturaleza Humana* es así y frecuentemente asignamos este término a un atributo negativo de comportamiento. Nunca experimentamos nada diferente, entonces no *hay* nada más. ¿Pero qué tal si lo hubiera?

Cuando uno tiene ocho años, hay un mundo desconocido que parece complejo y difícil y el concepto de que todo se aclarará algún día simplemente no está ahí. Kryon tiene un dicho que ha sido utilizado una y otra vez a lo largo de los años: "Tú no sabes lo que no sabes". Es simplemente una manera de decir que uno no puede pensar más allá del conocimiento que tiene para llegar a lo que no ha sido experimentado todavía. Entonces, la humanidad no tiene idea de lo que está por llegar, o de cómo puede cambiar la manera de pensar o de cómo todo puede cambiar.

Este libro hace la suposición de que estamos saliendo del patio de juegos y las canalizaciones comienzan a decirnos lo que puede seguir a continuación. Se basa en lo que ya hemos comenzado a ver: la llegada de los niños índigo.

Los niños índigo revisitados

Hace más de quince años, Jan Tober y yo escribimos un sencillo librito llamado *"Los niños índigo"*. El título del libro se basó en la observación de una mujer llamada Nancy Tappe, quién "vio" un nuevo color índigo alrededor de niños recién nacidos. Nancy tenía un tipo de sinestesia por la cual la función aumentada de su cerebro veía la energía como colores y formas. Con su permiso, introdujimos el concepto de que los niños con estos nuevos colores (índigo era uno de ellos) eran niños que estaban naciendo en el planeta con una nueva conciencia.

El libro que escribimos Jan y yo fue el más vendido por Hay House durante ese año. ¿Quién lo iba a creer? ¡Se volvió muy popular! ¿Porqué? Porque millones de padres y madres en todo el planeta estaban viéndolo y se relacionaban con esto y además se estaban generando opiniones sobre el comportamiento que dieron origen a toda la industria alrededor de TDA y TDAH. Los niños estaban cambiando y nuestro libro era el primero que le daba públicamente un nombre y que identificaba lo que estaba ocurriendo. Estos niños eran precursores de una conciencia diferente y nosotros lo marcamos.

"Pero espera", dirán algunos. *"¿Cómo puede ser eso? No habíamos pasado todavía el marcador de 2012. ¡Algunos estaban naciendo durante la Guerra Fría en los sesentas, setentas y ochentas!"* La respuesta es ahora fácil de explicar. Leed la explicación acerca del tiempo que está antes de este capítulo. Estos niños de conciencia diferente eran *"Esa potencial carrera ganadora de tercera base"*. Ellos representaban un potencial futuro que estaba llegando a todos nosotros. De nuevo, así es como funciona el tiempo y aunque puede parecer confuso para vosotros, ha sido observado a lo largo de la historia una y otra vez. ¿Os preguntasteis alguna vez porqué nuestras principales invenciones, incluyendo el teléfono y el vuelo propulsado, pareciera que se hubieran dado al mismo tiempo en varios lugares del planeta? Frecuentemente, un inventor se adelantaba a otro pero solo por pocas horas. El invento de la radiodifusión fue tan cercano en el tiempo que todavía hay controversia sobre quién lo hizo primero. Pareciera que ideas nuevas y revolucionarias estaban de alguna manera apareciendo exactamente al mismo tiempo por todo el planeta. Ese es el "efecto de onda" de los potenciales de los cuales estamos hablando.

Los niños índigo no eran difíciles sino diferentes. Tenían mucho más auto-estima a una edad temprana. Esto los hacía parecer tercos pero es que simplemente sabían más sobre cómo funcionan las cosas y los sistemas de la vieja energía no les funcionaban. Lo que hacía que esto fuera difícil para los padres y para la sociedad, es que ellos exteriorizaban su diferencia cuando eran puestos en sistemas disfuncionales (tales como escuelas de hoy en día y prácticas parentales viejas y lineales). Os invito a buscar y leer este libro. De hecho, ahora ya hay tres libros de niños índigo escritos por Jan Tober y por mí.

El más reciente de los libros de niños índigo es mi favorito porque la industria y la educación estaban comenzando a ver esto y a reaccionar. Me encantan los reportes de las cadenas de alimentos rápido cuyos administradores estaban tirando de sus cabellos y preguntándose, *"¿Cúal es el problema con la gente joven de hoy en día?"* Parece que los primeros puestos de trabajo de la sala de producción de hamburguesas están en problemas. Esas personas, a quienes se estaba entrenando en ir de A a B a C a D, están rebelándose universalmente. Ellos dicen *"¡Esto es tonto! Uno podría saltarse el paso B y C si las cosas se hicieran de esta otra manera."* Naturalmente, la reacción del establecimiento es, *"¡Compórtate! Hemos estado haciéndolo así casi desde antes de que tus padres nacieran y es un proceso refinado que ha funcionado una y otra vez. Solamente ven a trabajar y haz lo que te decimos."* ¿La reacción? "¡RENUNCIO!". Veis, para una conciencia elevada es aborrecible el hacer procesos ineficientes cuando "se sabe cómo hacerlos mejor". Muchas corporaciones están viendo este efecto y se están escribiendo páginas enteras de memos internos acerca de cómo se debe tratar a la nueva generación. Veis, los Niños Índigo están creciendo y encontrando una mejor manera de hacer las cosas.

La evolución de la conciencia ya ha comenzado y es fácil detectarlo. Viene como un paquete que se asemeja a una *rebelión contra los sistemas viejos de nuestra sociedad.* ¿Es esta una rebelión inmadura y testaruda (como algunos la llaman)?, ¿o es más bien una forma elegante de pensar que simplemente demuestra impaciencia ante lo disfuncional? Dejadme preguntaros cómo os sentiríais si en este momento os enviaran de regreso a la escuela y os hicieran pasar horas y horas de clase para aprender cosas que ya sabéis, mediante un proceso inferior a vuestro nivel de inteligencia. ¿Comprendéis como esto puede ocasionar una rebelión?

Buscad la ocurrencia de cambios mayores en todas partes porque esto afectará incluso a aquellos sistemas que creen que son intocables. La política está fracturada (¿lo han notado?). Ellos están en el patio de juegos, tirándose piedras como siempre y esto se ve feo y viejo. Observad una eventual elegancia en aquellos que ya no se insultan ni juegan sucio. En cambio, irán bajo la premisa de ser buenos negociadores para que puedan lograr cosas entre lados opuestos. ¡Qué concepto! En este momento, la política es una guerra en la cual el ganador se lleva todo hasta la próxima contienda. ¿Imagináis un sistema en el cual se participa con una base beneficiosa para todos?

La gran industria farmacéutica (Big Pharma) está rota, pues para obtener ganancia económica hace que la gente se mantenga enferma y se muera. Observad como esto se va a caer. La banca ya ha sufrido un golpe en Estados Unidos, debido a razones de falta de integridad. ¿Quién hubiera pensado que la integridad sería algo a tener en cuenta en lo que refiere a grandes sumas de dinero? Fue así y el sistema tuvo que ser reformateado. Era sencillamente irrazonable el vender hipotecas a personas que los banqueros sabían perderían sus casas y sus ahorros en unos pocos años. Ese sistema avaro de "todo se vende", colapsó. Pero esto era la vieja naturaleza Humana y había sido así por décadas y décadas. ¿Porqué ahora? "El potencial de la carrera ganadora en tercera base." Los potenciales estaban comenzando a cambiarnos, incluso antes de haber ganado el juego.

Lee Carroll

LEMURIA Y ATLÁNTIDA

Este libro no es sobre Lemuria ni sobre Atlantis. Sin embargo, muchas Almas Antiguas están comenzando a despertarse a sentimientos sobre estos dos lugares históricos esotéricos. Estos sentimientos están comenzando a ser parte del escenario del *Akasha Despierto* del Nuevo Humano. Entonces pienso que ya es tiempo de daros la información que Kryon ha revelado sobre todo esto.

Si escuchas regularmente los audios de las canalizaciones que están en mi sitio web, entonces ya sabes que se nos ha dado bastante información adicional sobre cada uno de estos conceptos. Ha sido canalizado a pedazos a lo largo de los años y ahora yo lo reúno aquí.

Hay muchos libros escritos sobre la antigua ciudad legendaria de Atlantis. Incluso algunos son de autoría de amigos míos personales. Cada libro presenta un escenario diferente de los otros y hay muchas posturas sobre lo que pudo haber ocurrido y donde pudo haber sido ubicado Atlantis. Entonces lo que yo escriba aquí es posible que esté en desacuerdo con todos ellos.

Hay una excepción, sin embargo: *El Efecto Gaia* de Monika Muranyi. Monika escribe sobre Lemuria de acuerdo con la información de Kryon. Kryon presenta una aproximación muy diferente a Atlantis, una que responde el porqué hay tantas y tan variadas versiones sobre lo que pudo haber ocurrido allí. Sin embargo quiero comenzar con Lemuria porque como lo vais a ver, es posible que sea el precursor de Atlantis.

La Tierra de MU

Existen por ahí muchos mapas esotéricos que han sido inspirados por cartógrafos esotéricos y que muestran un pequeño continente que supuestamente existió en la mitad del Océano Pacífico. Desde el comienzo de la práctica y de la filosofía metafísica, ha habido historias sobre este misterioso lugar. Kryon ha canalizado que sin duda, si existió y esta "tierra de MU" es llamada Le-MU-ria.

Muchos de vosotros saben que continuamente busco descubrimientos y datos que ayuden a respaldar lo que Kryon ha dicho a través de mi canalización y también para respaldar la metafísica en general. Vivimos en un mundo real de 3D y siempre ha sido así. Yo llegué a este trabajo siendo un escéptico y siempre me fastidiaban los relatos y las reivindicaciones históricas que no tenían validación en nuestra realidad o que de hecho iban contra el sentido común. No tenía sentido para mí que la mayor parte de la historia espiritual era contradictoria en sí misma y con el mundo en el cual vivimos hoy en día. ¿Cómo podía ser esto así? Nos separa completamente de Dios y esa no es la manera como Kryon dice que funciona.

Lo que enseño es que todas estas cosas, aparentemente extrañas, sin duda pueden encajar en la ciencia de corriente principal y en la historia, si uno busca las semillas de la verdad. Desde formas angelicales hasta devas en el bosque, hasta las Pequeñas Personitas de Irlanda y hasta la historia de Adán y Eva, Kryon ha revelado cómo estas cosas pueden encajar en un paradigma lógico de la existencia, porque todos ellas tienen *semillas de verdad* en 3D. Buscad a las metáforas y las semillas y posiblemente encontrarán grandes "ajás" de verdad.

El continente que no fue

Las leyendas que duran siglos, frecuentemente tienen una sólida base histórica. El mismo hecho de que duren tanto tiempo nos dice que probablemente hay realidades a nivel básico, anteriores a que los Humanos dejen que los relatos se transformen, a través de los siglos, en cuentos dramáticos y extravagantes. Son estas verdades básicas de la historia las que yo busco, anteriores al desarrollo de teorías increíbles que empañan tanto la metafísica.

Comencé por mirar toda la idea de Lemuria: ¿podía haber existido un continente en la mitad del Océano Pacífico? De acuerdo con el cronograma de la creación dado por Kryon, algunos de los elementos del relato que rodeaba a esta idea tendrían que ser muy recientes. No solo eso sino que ¡el mini-continente ya no está! Entonces, para encajar en el escenario de Kryon, tendría que haber estado ahí y después desaparecido, todo en tan solo cien mil años. Eso es algo muy forzado para cualquier pensador lógico y es cómico para cualquier geólogo. Este tipo de cosas es lo que frecuentemente aparta a muchos de querer escuchar más sobre cosas esotéricas.

Si este continente hubiera existido, entonces la geología moderna de hoy en día podría ver por lo menos su "huella". La geología es historia activa. Dibuja un cuadro de lo que ha ocurrido y muchos lo leen como el "Libro de Gaia". Entonces, lo primero que preguntamos es, ¿existió? Y si fue así ¿dónde está ahora? No solo eso sino, ¿dónde está la evidencia de eso tan grande que se fue en un "abrir y cerrar de ojos" en términos geológicos?

El principal razonamiento viene de los expertos, quienes señalan el hecho de que si un continente hubiera estado ahí, tendría que haber sido uno "extra" que no encaja en el rompecabezas de Pangea. En otras palabras, todas las grandes masas de la Tierra son parte de un sistema de placas tectónicas que es muy conocido y muy obvio. Si habéis estudiado la ciencia de las placas tectónicas, podéis observar claramente como todas las *piezas rotas* de la masa de la Tierra flotaron a la deriva sobre sus propias placas tectónicas durante millones de años. ¡El problema es que no hay piezas faltantes! Los continentes que existen en la actualidad encajan perfectamente los unos con los otros para formar el todo que era Pangea. Eso significa que ¡ese mítico continente de Lemuria ni siquiera encaja! Tendría que haber sido "tierra adicional" que de alguna manera llegó a existir y después desapareció.

Yo he escuchado todo tipo de respuestas esotéricas y las que me vuelven loco son aquellas que no ponen atención a la realidad y desaniman a las personas inteligentes de indagar más en lo que realmente pudo haber ocurrido. *"Creaturas del espacio se lo tomaron." "Desapareció en un gran vórtice desconocido." "Estaba en otra dimensión y por lo tanto era invisible"* – y así incesantemente. Yo pregunto de nuevo: ¿Cómo resultar creíbles, nosotros los metafísicos, si nuestras respuestas son tan débiles y tenemos que apelar a otros mundos de realidad desconocida para explicar algo tan impactante y real en nuestra propia 3D? Entonces, estas "respuestas" son más disparates que alimentan la idea de que la historia de Lemuria es ficción total.

Otra historia – el Escenario de Kryon

¿Qué tal si no fuera un continente sino una gran masa de tierra volátil, empujada hacia arriba desde el fondo del mar alrededor de una inmensa montaña volcánica? Si es así, ¿de dónde vino, cómo ocurrió y dónde está ahora? Todas éstas tienen respuesta que tienen sentido, si uno sigue lo que Kryon ha canalizado.

Primero, uno podría preguntar: *¿Qué hace que esto que ha canalizado Kryon sea diferente del resto de suposiciones y de ideas intuitivas sobre Lemuria y Atlantis?* La respuesta es "nada, realmente" a menos que de repente tenga sentido para uno. Todos tenemos nuestras *fuentes* que nos dan información intuitiva. Entonces, lo único que hace la diferencia es la manera como esta información es recibida y si la verdad "resuena" con uno. Todo lo que puedo hacer es presentarlo.

Kryon nos dice que parte de la extraordinaria historia del Océano Pacífico está ausente en la versión actual de la historia. Todo gira alrededor de algo geológico llamado un "Punto Caliente". La definición sencilla de Punto Caliente es un área donde la porción fundida de la corteza del planeta ha sido empujada hacia arriba, muy cerca de la superficie. Es una anomalía y tan solo hay 25 o 30 de estos Puntos en el planeta. Sin embargo donde existen, generalmente crean fenómenos violentos en la superficie.

Dos de los más conocidos Puntos Calientes en Estados Unidos son Hawai y el Parque Nacional Yellowstone en Wyoming. El Viejo Fiel y otros géiseres en Yellowstone representan "plumas" del planeta alrededor de un Punto Caliente. Las cámaras en cavernas subterráneas se llenan regularmente de agua proveniente de fuentes subterráneas; el agua se sobrecalienta hasta una temperatura más alta que el punto de ebullición debido al magma que está cerca de la superficie y el agua sobrecalentada explota hacia arriba a través de la superficie como un géiser de vapor. El sistema se repite regularmente durante siglos, hasta que en algún momento en el futuro, el movimiento tectónico de la tierra cambia esta actividad.

Las islas de Hawai también son volátiles. Desde que yo estoy vivo, el volcán principal Kilauea, en la Isla Grande, ha hecho erupción y creado más tierra que cualquier otro lugar de la Tierra. Vecindarios enteros han sido enterrados y la lava continúa vertiéndose al océano, incluso hoy en día. Si uno mira por debajo de la superficie, las islas de Hawai son engañosas. Realmente no son islas. En cambio son los picos de una sola y enorme montaña bajo el mar. De hecho, si se mide desde el fondo (por debajo del agua) hasta el tope, ¡tendría 9.022 metros de altura! Esta es la altitud a la cual vuelan los aviones de aerolíneas comerciales y es mayor que la del Monte Everest.

Hawai se extiende como una de las principales fronteras tectónicas entre oriente y occidente, justo en la mitad de una de las más grandes placas de la corteza terrestre – la Placa del Pacífico. Esta es una de las razones por las cuales es un Punto Caliente. De nuevo, un Punto Caliente es un área donde el magma fundido está cerca de la superficie y tiene un gran potencial de volverse activo. Las fronteras de las placas tectónicas también involucran dramáticos procesos volcánicos que causan erupciones, terremotos y otras actividades volcánicas. La frontera de la Placa Pacífica es llamada "El anillo de Fuego".

De acuerdo con Kryon, el movimiento de la Placa Pacífica hace mucho tiempo creó una "burbuja" de energía caliente y fundida debajo de la zona que hoy es Hawai. Esta burbuja de magma fundido quedó atrapada debajo de la corteza y en lugar de explotar como un volcán masivo, comenzó a empujar hacia arriba toda la montaña volcánica que hoy en día llamamos Hawai. Con el tiempo, este proceso continuó empujándola lentamente hacia arriba de tal manera que gran parte de la montaña quedó por fuera del agua. Era una masa de tierra inmensa y significativa – no era un grupo de islas, sino una sola montaña enorme que se había elevado desde el fondo del Océano Pacífico – un mini-continente.

¿Qué tan grande era Lemuria? Esto nunca ha sido mencionado. Pero la manera como fue *utilizada* es uno de los temas centrales de la información de Kryon. Fue uno de los lugares donde nuestras semillas de la creación estuvieron activas. Muchas veces he presentado la información de Kryon sobre la influencia Pleyadiana en la creación de los Humanos (*Homo sapiens*) y la historia de nuestros 23 cromosomas. Otros libros de Kryon también lo mencionan. No voy a incluir de nuevo esto aquí; sin embargo, hay que saber esto: incluso la ciencia de corriente principal continúa buscando el "eslabón perdido". Algunos biólogos están comenzando a sentir que los *Humanos no vienen de nada de aquí*. No hay evidencia evolutiva y esto abre una gran brecha en ese linaje que supuestamente creó el *Humano de hoy en día, con 23 cromosomas*.

Pasad la página conmigo. En la pequeña isla de Kauai en Hawai, hay un monasterio hinduista fundado hace muchos años por Satguru Sivaya Subramuniyaswami, un gran maestro del Hinduismo. El monasterio está actualmente abierto para los visitantes y fuera de ser uno de los lugares mejor cuidados y más bellos que yo haya visto, es un profundo lugar espiritual. Pero lo que quiero contar en este libro, es porqué se decidió establecer el monasterio en Kauai. En los días tempranos, antes de que se creara el monasterio, Satguru canalizó que Hawai es Lemuria y que los Pleyadianos son los responsables de los Humanos que hay hoy en día. Su libro "Los Rulos Lemurianos" (The Lemurian Scrolls) todavía está disponible hoy en día en varios sitios de Internet. Esta es la razón por la cual él fundó el monasterio allá.

De regreso a la montaña

Esta montaña gigante, un mini-continente, fue llamada MU o Le-MU-ria. Fue casi que un punto de salto akáshico para gran parte de la humanidad. Kryon ha dicho que los Humanos nunca reencarnaban de nuevo en Lemuria. Vivían una vida allá y después de esa reencarnaban en otras partes del planeta para esparcir este nuevo linaje Humano – las semillas del conocimiento de la luz y la oscuridad. Váis a decir que esto es similar a la historia hebrea de Adán y Eva que narra como Dios les dio el conocimiento de la luz y de la oscuridad y el libre albedrío y como el linaje de unos pocos se convirtió en el actual linaje Humano…con 23 cromosomas.

Entonces Lemuria fue un lugar de entrenamiento, un lugar donde coexistieron los Pleyadianos y los Humanos durante mil años o más. Los sacerdotes Lemurianos frecuentemente tenían padres/madres de dos mundos y vivían mucho más que los demás. Es una historia increíble y sin embargo los hinduistas también la cuentan en esta misma isla y la repiten algunos de los más antiguos indígenas del planeta. Este es otro estudio en el cual realmente me involucré y lo he presentado antes en libros de Kryon. Si creéis que esta es una premisa muy extraña, aquí tengo otra aún más extraña: ¡los Pleyadianos nunca se fueron! Algunos todavía están en las áreas de enseñanza apenas "por debajo de la superficie" de nuestra realidad. ¿Imposible? Continuad leyendo.

Los Antiguos – ¿Todavía aquí?

Pasad la página de nuevo. Hay algunos lugares del planeta donde muchos están convencidos de que los Pleyadianos, nuestra semilla biológica divina, todavía existen de alguna manera aquí. Algunos de estos lugares son muy apartados y otros son zonas sagradas para los indígenas. Sin embargo, nosotros hemos organizado una y otra vez, la Conferencia de Luz del Verano en uno de estos lugares: el Monte Shasta en California. Durante décadas y décadas, mucha gente se ha reunido en esta área para ver las "luces de la montaña" y sentir la energía que hay allí. Es algo profundo para muchos y ellos se dan cuenta de que sin duda, allí podría haber portales de algún tipo. Estas anomalías no son sutiles y la energía de esta montaña hace que el lugar tenga siempre muchos turistas esotéricos provenientes de todas partes de la Tierra. Esto también es el fundamento de los libros de "Telos" escritos por Aurelia Louise Jones.

Hay otro lugar como éste en el "Centro Rojo" de Australia. Uluru (la Roca Ayers) es tan sagrada para los Aborígenes, que hay lugares a los cuales no es permitido ir y ¡ni siquiera volar por encima en helicóptero! La tierra les pertenece y ellos la administran en conjunto con el servicio nacional de parques australiano. Los ancianos aborígenes son los que están a cargo y deciden quién va a dónde alrededor de esta roca sagrada. ¿La razón por la cual uno no puede ir a algunos lugares? *Los Antiguos con nombres que no pueden pronunciarse* están aún allí. Para estas personas, los "Antiguos" son los Pleyadianos. Esta es su historia de la creación tal como la hemos encontrado también en la Isla de Pascua (Rapa Nui) – más sobre esto más adelante.

De nuevo en Lemuria

Entonces, tenemos esta gran montaña sobresaliendo en la mitad del Océano Pacífico. No es por definición un continente, pero es grande. Esta podría ser la verdad germinal de las leyendas antiguas y explicaría como tal cosa pudo haber existido. Pero no existe ahora. ¿Qué ocurrió? Kryon nos dice que a medida que la burbuja desfogó a través de los años, la montaña fue bajando lentamente. Comenzó a hundirse. El principal sistema volcánico de Hawai consiste de *Volcanes en Escudo (Shield Volcanoes)*. Estos no son volcanes de erupciones gigantescas, como el Krakatoa. Pueden tener una caldera principal pero también tienen erupciones laterales por donde la lava fluye al mar. Esto impide que se carguen hasta tener una sola gran explosión tal como se vio en el Monte Santa Helena en el estado de Washington (en el lado oriental del "Anillo de Fuego", frontera de la placa pacífica). No se sabe cómo desfogó la burbuja de Lemuria, pero la montaña comenzó a retirarse a su posición original aplanándose sobre el fondo del océano. Lentamente comenzó a "hundirse" y sus habitantes entraron en pánico.

Antes de relatarles el resto de la historia canalizada, os contaré algo de mi investigación y de lo que se me reveló. He contado esto antes en mis escritos pero ahora encaja en esa increíble posibilidad de que Lemuria sea real. Entonces por eso lo relato de nuevo para vosotros.

Hablé con algunos geólogos sobre el potencial de que Hawai hubiera sido empujada hacia arriba por el Punto Caliente. Las respuestas que recibí fueron todas muy parecidas: *"No. De ninguna manera. Simplemente no hay evidencia de eso."* Entonces pregunté, "¿Qué evidencia habría, si hubiese sucedido así?" La respuesta fue: *"Si hubiera ocurrido algo así, toda la evidencia estaría ahora completamente bajo el agua y hace mucho tiempo se hubiera borrado o erosionado hasta no dejar nada."* Entonces, no hay evidencia de eso en la geología conocida, pero la posibilidad de que haya sucedido no se descarta, aunque sea dudoso (de acuerdo con quienes hablé). Por lo tanto, estaba atascado con una "verdad de avanzada" proveniente de mi canalización y sentí que tendría que vivir con eso puesto que nadie podía ofrecerme algo para ayudarme a validarla.

La experiencia en la habitación de un hotel

Estoy cansado y relajándome después de una canalización en una ciudad en algún lugar de los Estados Unidos. La fecha se me escapa puesto que frecuentemente y con el tiempo, estas cosas se me desdibujan. Estoy en la habitación del hotel y hago lo que tantos otros hacen – comienzo a pasar los canales de TV sin detenerme en los programas tontos o violentos. Finalmente me quedo con un documental en Discovery Channel llamado <u>Cómo fue hecha la Tierra.</u> Estoy cayendo en un profundo sueño cuando de repente escucho claramente las palabras *"Punto Caliente"* que salen del televisor. ¡Me despierto completamente! Mi atención se clava en lo que dicen: el documental está explicando recientes descubrimientos geológicos en Yellowstone, un Punto Caliente geológico (¿Recordáis?). Están diciendo que unos misteriosos rasguños o estrias lineales que hay en muchas de las rocas, han sido identificados y explicados. Fueron causados por glaciares formados hace mucho tiempo cuando Yellowstone fue elevado hacia arriba por una "burbuja en el manto de la Tierra cerca del Punto Caliente". Una animación creada por ellos muestra como Yellowstone fue empujada hacia arriba. Continuaron mostrando las calderas ocultas que hay en todo Yellowstone como huellas de los gigantescos volcanes que hubo allí.

¿Acabo de escuchar lo que creo haber escuchado? ¡Yellowstone fue empujada tan alto que se formaron glaciares! Después se hundió hasta ser casi plano de nuevo, tal como lo conocemos hoy en día. Ese es exactamente el mismo escenario descrito por Kryon sobre Lemuria, cerca de Hawai. Estas fueron noticias sorprendentes para mí y también quedé perplejo por el hecho de que los académicos con quienes hablé no supieran de esto. Yo sabía que esto no era la prueba de Lemuria. Pero si es una gran validación de la posibilidad de que lo que ocurrió en un Punto Caliente, pudo también haber sucedido en otro, por las mismas razones geológicas. Para mí, esto hizo que fuera real en la ciencia geológica actual.

Finalmente recibí un divertido "guiño" del Espíritu. Me gusta estudiar los mapas de Google. La profundidad y los atributos geológicos de gran parte del océano alrededor de Hawai han sido mapeados desde hace años. Conocemos las áreas planas, las montañas sumergidas e incluso otra isla Hawaiana que está formándose actualmente y que emergerá algún día…todo esto cerca del Punto Caliente. Entonces, el mapeo del fondo del océano está disponible en Google y puede observarse claramente cuando uno va al mapa de las islas de Hawai. Sin embargo para ver realmente lo que yo vi, es necesario retroceder la vista de la pantalla de tal manera que se pueda ver una gran área alrededor de Hawai. Cuando hice esto, observé y miré de cerca. Son acaso esas unas marcas de estrías alrededor de la isla? ¡Hurra, lo son! ¿Qué tal si estas estriaciones profundas que Google muestra claramente en el fondo del océano, son marcas de cuando la montaña se elevó hace mucho tiempo, para luego hundirse durante los últimos 100.000 años? ¿Quién sabe? ¡Pero está ahí para verlo!

La Atlántida – El comienzo

La primera pregunta sobre Atlantis es esta: ¿Podría ser que esa Lemuria que se hundía lentamente fuera de hecho la Atlántida? Todo encaja puesto que el relato de Kryon sobre Lemuria indica claramente que se hundió y Kryon describe el pánico de la civilización que vivía allá. Sin embargo, el hundimiento fue lento y no se parece a esos recuerdos akáshicos con explosiones, horror y muerte. Pero en todo caso es algo dramático que podría estar grabado en nuestros primeros registros akáshicos.

La respuesta de Kryon a esta pregunta, *"¿Es Lemuria la Atlántida?"* está registrada en varios lugares: *"No exactamente."* Cuando le preguntamos a Kryon en una sesión de preguntas y respuestas, *"¿Dónde está la Atlántida?"*, la respuesta de Kryon fue, *"Cuál?"* ¡Ups! ¿Hubo más de una? Kryon dice que hubo muchas y que son tres, las principales y las que son más recordadas por el Akasha de la humanidad. *(Escuchad la canalización de la Hermandad Lemuriana de Junio 8, 2015).*

Kryon continúa explicando detalladamente toda esta experiencia de la Atlántida, *El Síndrome de la Isla que se Hunde*. Kryon cuenta una detallada y poderosa historia sobre los Lemurianos, cuando estaban evacuando su propia isla de MU que se hundía. Cuando Lemuria comenzó a hundirse, muchos se fueron puesto que no había razón para creer que el hundimiento se detendría. Para los residentes, estaba desapareciendo. Hoy en día nos damos cuenta de que no se hundió por completo puesto que las islas de Hawai son las cimas de la montaña sumergida. Pero en ese entonces hubo pánico y la mayoría de los residentes de este mini-continente se fueron marchando a lo largo de los años. Era un movimiento lento, pero era aterrador el hecho de estar perdiendo tierra cada día.

Saliendo hacia otras islas

Para mí, es realmente interesante observar esta evacuación, de acuerdo con Kryon, porque en ella puede encontrarse más validación. ¡No había realmente un lugar al cual la civilización Lemuriana pudiera ir! No había tierra cercana y entonces se embarcaron en sus canoas, o en otros botes que construyeron y siguieron las corrientes que quizás los llevarían a otras tierras. Sin duda alguna, muchos encontraron otras tierras. Las historias que recibimos de los Ancianos, acerca de dónde supuestamente desembarcaron, son sorprendentes por su profundidad y ellas validan lo que Kryon nos ha dicho.

Los vientos y las corrientes llevaron a la mayoría de ellos hacia el sur, muy al sur, de acuerdo con Kryon. Kryon dice que muchos terminaron en la Isla de Pascua (Rapa Nui) y otros en Nueva Zelandia. Esto dos lugares hacen parte de mi investigación personal de años recientes y he entrevistado a algunos de los nativos en ambos lugares, preguntándoles sobre sus creencias acerca de sus orígenes antiguos. Lo más profundo es lo de Rapa Nui. Porque allí tenemos casi la misma exacta historia que Kryon relata.

Los Rapa Nui tienen un maravilloso relato sobre 7 viajeros: cuentan de un rey lejano que tenía una isla que se estaba hundiendo. El Rey, basándose en la visión de una isla lejana que tuvo uno de sus shamanes, envió siete viajeros para que encontraran otra isla que pudiera convertirse en su hogar. Los siete hombres siguieron la visión del shaman y ¡encontraron a Rapa Nui! Regresaron donde el Rey, reportaron la noticia y la evacuación comenzó. Esto es lo que cuentan los Rapa Nui de cómo llegaron allá. Rapa Nui está en el Océano Pacífico en el hemisferio sur, casi que en línea recta hacia el sur, desde Hawai. Hoy en día, siete de esas famosas estatuas (llamadas Moai) de la Isla de Pascua, miran hacia Hawai. El resto de las Moai (más de 800) miran hacia adentro, hacia el centro de la isla y representan a sus ancestros que están cuidándolos.

Para hacer todo esto más divertido para mí, los Rapa Nui reivindican firmemente a los Pleyadianos como sus ancestros de las estrellas y fue lo primero que nos mostraron cuando nos encontramos con ellos. Tienen una pequeña estatua ceremonial que representa la conexión pleyadiana. Entonces, su relato es idéntico a la canalización de Kryon sobre una Lemuria hundiéndose, excepto por el momento en que pudo haber ocurrido. Pero esperad, hay un enigma aquí y la solución a éste fue dada por Kryon en una canalización en la propia Rapa Nui.

¿El enigma? Estos siete viajeros que dejaron su casa que se hundía, navegaron lo mejor que pudieron utilizando un antiguo pero muy preciso sistema: las estrellas. Habían estado haciendo esto durante siglos y conocían muy bien las constelaciones. Pero a medida que avanzaban hacia el sur, aparecían nuevas colecciones de estrellas en el firmamento y lentamente se perdían las que ellos conocían. La Estrella del Norte desapareció del todo y la Osa Mayor también. La principal configuración del firmamento fue entonces la Cruz del Sur y sus constelaciones asociadas. Era crítico tener puntos de referencia para no navegar en círculos pero ellos nunca habían visto las estrellas del hemisferio sur. Es poco lo que puede hacerse para navegar en alta mar tan solo con la posición del Sol y de la Luna. ¿Cómo lo hicieron entonces?

Para hacer ésta una historia aún más extraordinaria, ¡ellos tuvieron que navegar de regreso a Hawai, para darle las noticias al Rey! ¿Cómo hicieron esto sin tener conocimiento del firmamento del hemisferio sur? En la canalización de Kryon en Rapa Nui, fue explicado que sus profesores pleyadianos les habían dado pleno conocimiento sobre cómo se veía el firmamento en el hemisferio sur. De nuevo, esto no prueba nada, pero responde preguntas tridimensionales válidas acerca de la verdadera historia de su linaje – tal como lo relatan los nativos de Rapa Nui.

El segundo lugar que encontraron los Lemurianos (del cual Kryon habló) fue Nueva Zelandia. Es más difícil validar esto puesto que los nativos Maori de Nueva Zelandia son segunda o tercera civilización después de los colonos originales (de acuerdo con la canalización de Kryon y con algunos ancianos Maori). Sin embargo, la evidencia circunstancial abunda. Primero, ellos celebran la aparición de la constelación de las Siete Hermanas (Las Pléyades) en el firmamento, de la misma manera que lo hacen los Hawaianos (su Año Nuevo). ¡Qué coincidencia! Y – el nombre de la celebración es Matariki que difiere solo en unas letras de la celebración Hawaiana, ¡Makahiki! El grupo de las Siete Hermanas es una de las pocas constelaciones que aparece en el firmamento tanto del hemisferio norte como del sur.

Nueva Zelandia también es un vecino cercano de Australia, pero sin embargo allí no hay asentamientos de Aborígenes. En lugar de eso hay Polinesios. Esto es extraño puesto que los Aborígenes han estado en Australia por lo menos 30.000 años (validado por el gobierno de Australia). Uno pensaría que durante ese tiempo los Aborígenes habrían podido encontrar a Nueva Zelandia y establecerse allí. Yo creo que los Aborígenes si encontraron a Nueva Zelandia pero ellos conocen y respetan la energía de la tierra y lo que significan las fronteras culturales. Ellos lo llaman *Ley Aborigen* y es parte de su cultura, aún hoy en día. Entonces probablemente se fueron y nunca se establecieron, dejándoselo a los Lemurianos que encontraron allí.

Finalmente, los Maori reivindican que son Polinesios y que vienen del Océano Pacífico. Sin embargo, la palabra *Océano Pacífico* en el lenguaje Maori significa (¿listos?) – ¡Hawai!

El síndrome de la isla que se hunde

A lo largo de los muchos años que duró la evacuación de la isla de Lemuria que se hundía, Kryon dice que la cultura lemuriana se estableció en muchas otras islas alrededor del planeta. Era algo natural y estaba en su Akasha - ese deseo de vivir cómodamente en una isla. También la mayoría de las islas que escogieron en los océanos del planeta, eran volcánicas. Así es como ellos vivían en Lemuria y era algo natural para ellos y se sentían muy cómodos así.

Con el paso de los años, muchas de estas islas explotaron, se hundieron o tuvieron otro tipo de final destructivo. Entonces, por generaciones y generaciones, muchos que habían sido Lemurianos, estaban recibiendo recuerdos de múltiples experiencias de islas que se hundían. Esto es la base del potencial de que muchos Trabajadores de la Luz y Almas Antiguas reivindiquen ser de la Atlántida. Por lo tanto, el *Síndrome de la Isla que se Hunde* puede estar grabado en la memoria akáshica de muchas personas que tienen mente esotérica, especialmente aquellas que leen este libro.

Kryon nos dice que realmente tal vez solo ha habido tres culturas llamadas "Atlántida". Tiene sentido que si una de ellas fue destruida, otras pueden haber sido llamadas con el mismo nombre. Nosotros hacemos esto en la cultura actual, denominando cosas nuevas en nombre de las viejas de la historia. Los sobrevivientes pudieron haberse establecido en otra isla y creado la "Nueva Atlántida" para honrar a aquellos que habían perdido. ¿Qué tal si perdieron también la segunda? ¿Podéis ver cómo puede haber aumentado el registro de memoria akáshica de "trauma relacionado con islas que se hunden"? Primero Lemuria, luego otra y otra y otra.

Entonces Kryon nos dice que los recuerdos akáshicos de una isla llegan hasta muy atrás, hasta la experiencia Lemuriana y que a todo lo largo de la historia Humana ha habido otras islas que se hundieron y que generaron recuerdos dramáticos. Algunas se hundieron rápidamente y otras no. Kryon también insinúa que las que realmente se llamaron "Atlántida" eran muy jóvenes en términos de su historia. Una de ellas no era volcánica pero fue rápidamente cubierta por el Mar Mediterráneo durante un terremoto (de acuerdo con la canalización)

Espero que si no habéis escuchado todo esto antes, podéis comenzar a pensar en las semillas de verdad que contiene. Combinado con precedentes científicos, con validación histórica de los indígenas y con el sentido común, la tierra de MU puede haber existido realmente, así como lo hizo la Atlántida…muchas veces.

Lee Carroll

Capítulo Uno

El Nuevo Humano Parte 1

Cuando Kryon comenzó a hablar por primera vez sobre el Nuevo Humano, yo creí saber de qué tratarían los mensajes. Sin embargo, no estaba preparado para toda la información que sigue en este libro. Parecía una versión completamente nueva del Ser Humano o más precisamente, de la naturaleza Humana. Estos primeros dos capítulos preparan el escenario para el resto del libro.

Kryon presenta siete atributos del Nuevo Humano y creo que los más profundos son aquellos que tienen que ver con las relaciones — con Dios, con uno mismo e incluso con la Tierra en sí misma. Estoy comenzando a darme cuenta que tendré que repensar lo que realmente significa la evolución espiritual Humana.

Lee Carroll

Capítulo Uno

"El Nuevo Humano Parte 1"
Canalización en vivo de Kryon

Valencia, España
19 de Septiembre 2015

Saludos, queridos míos, soy Kryon del Servicio Magnético. Algunos dirán que este mensaje es un resumen pero he decidido entregarlo para unir los elementos de una manera en que no lo han estado antes. Entre esta noche y la siguiente, presentaré una serie llamada "El Nuevo Humano". Es un mensaje hermoso y es benevolente. Es un mensaje sobre ti.

Queridos míos, no estaríais aquí sentados si no os interesara este tema. No estaríais aquí tratando de comprender algo que es frecuentemente elusivo, acerca de lo que está ocurriendo en el planeta, si no es porque os importa. Mi socio dice que estáis en un cambio. De hecho, es más que eso. Estáis acercándoos a una energía en la que nunca habéis estado antes. Esto no es un ciclo. Todo en este planeta hasta este momento, ha sido un ciclo, así como el clima y como la astronomía que tiene un ciclo predecible. La tierra pasa por ciclos pero esto no es uno de ellos.

Todo cambia gradualmente. Tú observas y escuchas sobre los cambios del clima. Miras las noticias y te das cuenta que hay algo diferente que está ocurriendo, diferente a lo que ha sucedido en el pasado. Desde el comienzo mi mensaje fue que te prepararas para este cambio y el mayor cambio será dentro de la humanidad.

El nuevo Humano

La naturaleza Humana está a punto de cambiar y será la primera vez en tu historia. Más que cambiar la naturaleza Humana está a punto de volverse nueva. Los psicólogos dirán que la naturaleza Humana es estática – que no cambia y que simplemente es algo que "viene con el Ser Humano". Parte del mismo estudio de la psicología requiere que ésta sea estática para que pueda ser estudiada y muchos puedan beneficiarse del conocimiento acumulado. La historia refuerza esto y muestra que la naturaleza Humana es responsable del instinto de supervivencia y del mismo tipo de miedos una y otra vez y que nunca cambia. La historia se repite a sí misma en toda su disfunción, en el drama y en la guerra y acepta que la naturaleza Humana es siempre la misma. Frecuentemente, la expresión "naturaleza Humana" tiene una connotación negativa. Este solo hecho muestra que incluso los académicos y eruditos se dan cuenta de que la naturaleza intrínseca de los Humanos es defectuosa.

La idea de un verdadero cambio en la naturaleza Humana no es vista por los expertos como algo que sea posible. Nunca ha cambiado, entonces ¿porqué lo haría ahora? Por lo tanto, la idea de este cambio que está llegando es difícil de aceptar para aquellos de mente científica porque todavía no hay evidencia de eso que estamos llamando "El Gran Cambio". Hasta ahora tan solo hay evidencia de cambio casual porque estas cosas ocurren lentamente. Algunas veces el cambio es tan lento que ni te das cuenta de él pero está comenzando ahora.

Los nuevos atributos

Me gustaría especificar los tipos de atributos que pueden esperarse a medida que el *Nuevo* Humano comienza a aparecer. Estáis entrando en una nueva energía que nunca antes ha estado aquí y los atributos de lo que está ocurriendo eventualmente cambiarán la naturaleza Humana en sí misma. Va a cambiar todo acerca de vosotros y la civilización del planeta. A algunos les gustará y a otros no. El cambio siempre es así. Nunca es fácil. Vamos a comenzar con cuatro de siete atributos y mañana os daré el resto.

He hablado antes de algunos de estos conceptos pero nunca en una lista. Quiero que veáis lo profundo que es esto. Querida Alma Antigua, ¿estás lista para participar en la evolución de la humanidad? Será una evolución que te llevará a un lugar que no ha existido antes – a una sabiduría que la Tierra no ha visto antes y a una lenta construcción de una nuevo tipo de paz armoniosa en el planeta. Esta paz en la Tierra simplemente llegará con el pensamiento elevado evolucionado y es tan solo el comienzo de una naturaleza Humana en constante crecimiento y evolución. La conciencia de la humanidad va a comenzar a cambiar lentamente. Se hace aparente con pequeños detalles, pero tú estás aquí sentado porque lo sientes, ¿no es así? Hay algo que es diferente.

UNO

El primer atributo es la Relación del Humano con Dios. Es el básico. Como sea que quieras llamar a *Dios*, el concepto es el de la *Fuente Creadora de todas las cosas*. Algunos han llamado a este concepto *Dios* y otros le dicen *Espíritu*. Otros dicen *La Fuente*.

La mayor parte de la humanidad cree que su conciencia no termina con la muerte. Todos los sistemas de creencia, creen y enseñan que el alma continúa de alguna manera después de la muerte corporal. Por lo tanto, se puede decir que la mayor parte de la humanidad cree en algún tipo de vida después de la muerte. En general, el ochenta a noventa por ciento de la humanidad no cree que su conciencia se termina al morir. Este es un fuerte reconocimiento *intuitivo de un Dios interior*. Aun así, muchos pensadores intelectuales creen que esto es simplemente un instinto de supervivencia extendido y una ilusión. Pero a través de las eras del tiempo, se ha convertido en la base de la fe, la sanación, el amor, la paz, la compasión y del principal pensamiento espiritual de miles de millones de Humanos. Entonces sin importar cuál es la creencia espiritual, la idea de una existencia más allá de la vida corporal ha tenido fuerte evidencia a través de milagros y de intuición. Esta también fue la idea intuitiva de los primeros sistemas espirituales registrados en el planeta. ¡La vida no termina cuando mueres!

Entonces, ¿qué o quién es Dios? ¿Cómo puede un Humano entender la idea de un poder más grande "en el cielo"? Lo que ha ocurrido en el pasado con relación a este tema, es parte de una vieja naturaleza Humana. Los Humanos han creado un Dios o Dioses que emulan a los Humanos. Los Humanos solo tienen un modelo de conciencia y es la de ellos mismos. Entonces, convierten a Dios en un poder supremo que tiene atributos Humanos. Esto ha creado un sistema a través de miles de años en el que Dios se ha vuelto un padre disfuncional.

Se te ha dicho que Dios te ama sin medida pero sin embargo si haces algo inapropiado, Él te enviará a quemar eternamente en un lugar oscuro. Añádele a eso que no hay un consenso de lo que es "apropiado" entonces ¡tienes un Dios que es mucho, mucho menos benevolente de lo que tú eres con tus propios hijos! ¿Suena esto acaso como ese Dios bello y benevolente del que yo hablo, o suena más bien como algo hecho por el hombre? Sin duda, para la mayor parte del planeta, ¡la esencia de Dios es la misma esencia de la naturaleza Humana!

El concepto que les ha dado la historia es el siguiente: la naturaleza Humana es también la naturaleza de Dios. Por lo tanto, según los sistemas modernos de creencia que existen hasta el día de hoy en el cielo ha habido guerras y ángeles caídos. Dios siente ira y castiga y juzga tal como la naturaleza Humana. Quien quiera que sea que está leyendo o escuchando esto piense: "¿Tiene esto algún sentido espiritual?" Matarse unos a otros y crear guerras como consecuencia de desacuerdos o de la competencia es lo que hacen los Humanos. No es lo que hace Dios.

No quiero ofender a nadie aquí o a quién esté escuchando más tarde pero la benevolencia de la Fuente Creadora, Aquella que creó el universo, ¡no "piensa" como un Humano! La naturaleza de Dios es pura. Cada molécula de la atmósfera de este planeta está llena del amor de Dios. Es tan pura como jamás podrás imaginarlo. Su benevolencia y la manera como se interesa en ti, está más allá de cualquier cosa que puedas concebir. El Espíritu te ve como familia que está temporalmente en el planeta y eventualmente regresa. ¡Dios no castiga – nunca! ¡Este es un concepto Humano! Dios no tiene los atributos Humanos de ira o decepción. Dios no tiene una conciencia baja ni discute consigo mismo. Dios no es disfuncional. ¡Tú si lo eres! Esa es la vieja naturaleza Humana y está a punto de cambiar para asemejarse más a Dios.

La relación con el Espíritu (Dios) va a cambiar. Algunos de vosotros vais a comenzar a sentirlo y estaréis abiertos para este cambio. Vais a comenzar a comprender y a daros cuenta que el Dios del Universo está dentro de cada uno y que la mano de Dios está ante ti esperando que la tomes.

Es una metáfora que significa que un Dios personal está listo para consolidar una relación contigo que día a día creará compasión, alegría y una evolución de la naturaleza Humana dentro de ti. Comenzarás a actuar diferentemente porque cambiarás de muchas maneras. Cuando vibres más alto con un ADN evolucionado, tendrás una mayor conciencia. Eso es básico.

La benevolencia y la mayor sabiduría de Dios comenzarán a ser obvias para ti y por lo tanto, serán parte de tu vida. La manera como actúas será diferente. Estudiarás a los Maestros y te darás cuenta de lo avanzada que era su naturaleza Humana y de que tenían una conciencia totalmente diferente. Comenzarás a emularlos y muchos a tu alrededor lo verán. El Nuevo Humano sabrá quién es Dios y se relacionará con Él y no estará separado de Él. Este es el atributo uno.

DOS

El segundo es la Conciencia de Sí Mismo. ¿Quién eres tú? ¿Cuál es tu propósito? En este momento te diré que todas tus vidas han estado alrededor de la *supervivencia*. Oh, es posible que creas en estas cosas esotéricas por las cuales estás hoy aquí pero mientras vives con otros en el planeta, tan solo sobrevives. Ya sea que estás en la escuela o en el trabajo o simplemente viviendo sobre la Tierra, tan solo estás sobreviviendo. Alma Antigua, eres cuidadoso de a quién le hablas sobre estas cosas, ¿no es así? Eso es para que puedas sobrevivir sin drama o sesgos o problemas. ¿Te has dado cuenta de lo mucho que estás en supervivencia? Incluso en una sociedad tan sofisticada, estás en supervivencia básica – igual que hace miles de años.

Queridos míos, ¿cómo os sentís con respecto a vosotros mismos? Hemos hablado de esto antes muchas veces. A medida que caminas más cerca del Espíritu, eso que llamas el *YO (TI MISMO)* cambiará. Tendrás menos miedos. Estarás más tranquilo y en paz con todo. No tratarás de evangelizar. En cambio, *practicarás* aquello que crees y serás una persona mucho más amable. La ira comenzará a irse y menos cosas te irritarán. Estarás más equilibrado que nunca antes y otros querrán estar contigo debido a eso. Lentamente te convertirás en el Nuevo Humano.

En lugar de estar listo para discutir con todos sobre aquellas cosas en las que crees firmemente, sabrás cómo quedarte en silencio y escuchar. Habrá compasión en lugar de juicios. Es casi completamente lo contrario de lo que la naturaleza Humana ha creado hasta ahora. ¡Estarás equilibrado!

Finalmente, cuando se trata del *YO*, comenzarás a evaluarte a ti mismo y dirás, *"Tengo derecho a estar aquí en esta nueva energía. ¡Yo nací para esto y ahora estoy aquí!"* ¿Cuántos de vosotros estáis entendiendo esto – realmente entendiéndolo? Debes saber esto: tú mereces estar aquí y no es un accidente o una casualidad de la naturaleza el que existas. Dios te ama y conoce cada cabello de tu cabeza. Hay un puente benevolente entre tú y el Espíritu y puedes dar un suspiro de alivio con relación a todo lo de tu vida.

Escucha: mientras repasas tu vida, debes saber que no has hecho nada mal. ¡Nada! Has hecho elecciones y Dios honra lo que has hecho en libre albedrío. ¡Así has sido diseñado! Es así como los Humanos evolucionan y aprenden. No habrá un castigo por eso que tú crees que has hecho mal. Puedes perdonarte a ti mismo por lo que has hecho porque Dios no ve las cosas como tú las ves. Desde el punto de vista de Dios, no es necesario un perdón. Eres magnificente a los ojos del Creador. Esto es muy diferente de los sistemas espirituales de este planeta que te ofrecen las "reglas de Dios" y el juicio y el castigo de una deidad disfuncional que torturaría a sus hijos para siempre si ellos rompiesen las reglas humanas. ¡Conecta los puntos y utiliza algo de lógica espiritual! Dios no es una extensión de la naturaleza Humana.

Queridos míos, estáis trabajando con la energía del planeta y lo que hacéis pone a prueba la energía y la cambia. No estáis aquí para poner a prueba a vuestra alma. ¡No vinisteis a la Tierra a sufrir! El alma es para siempre y le pertenece a Dios y siempre será así – ¡siempre lo será! El amor es la fuente – la única fuente y todo se basa en el amor. Vas a tener que reescribir quién es Dios en tu vida y finalmente ver que hay una mano extendida hacia ti – una metáfora que te invita a ver a *Dios dentro de ti*. ¿Eres tú? ¿Lo sientes? ¿Sientes el cambio y el giro que te alejan de la ira, el odio y la frustración?

Alma Antigua, tú representas al Humano que finalmente está saliendo de la cueva de la supervivencia, mira a su alrededor y se da cuenta que hay cosas más elegantes que tan solo sobrevivir de día en día. El amor construye un puente vital y energético de Humano a Humano y el resultado es la compasión. La acción Compasiva [acción de los Humanos basada en compasión y en cuidar] es lo que cambiará para siempre la naturaleza básica Humana.

¿Quién eres? Tú eres parte del elegante sistema de la creación.

TRES

Los cambios en la Compasión de la Humanidad. ¿Cómo te sientes con respecto a los demás en tu planeta? ¿Estás aislado en tu "burbuja" y tan solo sobreviviendo o eres parte del conjunto de la humanidad? ¿Cuál es tu responsabilidad? ¿Qué está ocurriendo en tus noticias? Por primera vez en la historia Humana va a haber un rompecabezas con respecto a los refugiados que están llegando en cantidades a tu área [recuerda, esto está siendo canalizado en España en 2015]. Todas las naciones alrededor tienen este problema, algunas más y otras menos. Hay horror y desequilibrio en ciertas sociedades de tu planeta y familias enteras están saliendo corriendo de sus países hacia los vuestros. Temen por sus vidas y las vidas de sus familias y llegan en grandes cantidades. Esto fue predicho cuando hablamos de la oscuridad que estaba avanzando en este tiempo, causando grandes cambios. Es un resultado directo de tener más luz en el planeta. La conciencia oscura está actuando y tratando al máximo de hacer retroceder al planeta al modo de supervivencia.

¿Qué podéis hacer? ¿Cómo va a pagarlo vuestra sociedad? ¿Dónde vais a poner a estas personas si los dejáis entrar? ¿Son bienvenidos o no son bienvenidos? ¿Los dejaríais morir en la frontera? Este es un problema de la naturaleza Humana y las soluciones serán diferentes de cualquier solución que se haya dado antes. En el pasado simplemente habéis ignorado este tipo de cosas y habéis dejado que el gobierno lo maneje. Pero de repente, en vuestras noticias hay fotos de niños muertos y de familias pereciendo, tratando de escapar.

En este momento no hay soluciones viables puesto que nunca habéis desarrollado un plan compasivo para esto. Es algo tan nuevo que no hay infraestructura, ni tampoco presupuesto. Hay mucha frustración y miedo y algunos Humanos están practicando la vieja naturaleza Humana diciendo, *"Es su problema, no el nuestro. Que ellos resuelvan sus propios asuntos"*.

Una parte del Nuevo Humano tendrá una reacción totalmente diferente a la del pasado: la acción compasiva comenzará a verse a nivel masivo y habrá los que buscarán soluciones porque ven a los refugiados como *familia Humana*. Una conciencia más benevolente dirá: *"Mira a los ojos de los niños. Son iguales a los nuestros"*. La compasión comenzará a crear soluciones sabias y justas y esto disminuirá el sufrimiento.

En cualquier cambio hay objeción al pensamiento nuevo y como resultado hay miedo. Muchos dirán, *"Lo comprendo, pero si les permitimos entrar se infiltrarán terroristas entre ellos"*. Queridos míos, no es una razón para rechazarlos sino por el contrario, es una razón para encontrar una solución para excluir a los terroristas. Es posible hacerlo pero necesitáis financiarlo. Vosotros lo solucionaréis.

Lentamente, aquellos que están comenzando a pensar diferentemente y a utilizar la compasión como meta y como pauta para legislar y para actuar, desarrollarán soluciones que tendrán sentido. ¡Esto es nuevo! A medida que los Humanos reflexionan sobre cómo implementar el pensamiento compasivo, comenzarán a manifestarse aquellas soluciones que nunca antes se habían necesitado ni ensayado. Esto es metafísica básica en la cual la acción de enfocarse conscientemente, crea una respuesta. Es casi como si las respuestas fueran "liberadas" en lugar de desarrolladas – como que siempre estaban ahí, pero la conciencia elevada era la llave para desbloquear la cerradura de la sabiduría y del despertar de la conciencia.

Habrá intelectuales y pensadores lineales que dirán, *"Bueno, la acción compasiva no ha funcionado antes y ¡no va a conseguirnos el dinero que necesitamos para financiar este asunto!"* Te llamarán tonto esotérico y pondrán sus ojos en blanco antes cualquiera que piense que se puede "amar a todos" como solución. Bienvenido a la vieja naturaleza Humana. Ellos no saben lo que no saben. Tan solo porque nunca hayáis visto algo, no significa que ese algo no exista. La sabiduría y los inventos son así. Están ahí, ocultos, listos para ser descubiertos por aquellos que tienen el valor suficiente para dar otro giro a su pensamiento.

¿Será posible encontrar financiamiento para situaciones que están por fuera del ámbito de cualquier cosa que hayáis visto antes? ¿Porqué sería esto diferente a los avances técnicos? ¡De hecho, vosotros "programáis" el futuro de acuerdo a invenciones que todavía no se han dado! Sin embargo, sentís que es imposible crear respuestas para problemas sociales. Se debe a que los problemas sociales son los que amplían los límites de una naturaleza Humana en evolución.

¿Puede hacerse? ¿Pueden los países iniciar algo que nunca antes ha sido hecho y que ayudará a aquellos que no son parte de sus propias sociedades? ¿Qué tal un "ministerio de la compasión" que sea financiado de la misma manera como se financian las armas en cada gobierno? La respuesta es sí, podéis hacerlo pero la clave es el consenso mayoritario y eso es lo que está comenzando a cambiar mundialmente, en las culturas del primer mundo. Si queréis hacerlo realmente, se podrá hacer.

Cada objeción relacionada con este asunto puede ser afrontada y solucionada con el Nuevo Humano quién primero mira los atributos de la acción compasiva del rompecabezas y piensa *por fuera de la caja,* para encontrar la manera de resolverlo. Es posible que muchas de las soluciones te sorprendan y cada país tendrá sus propias maneras de hacerlo pero todos los países son parte de eso ahora. Es la primera vez en la historia que hay múltiples países involucrados en un mismo asunto de compasión pura.

Quisiera que pudierais ver cómo va a ser dentro de cincuenta años. Miraréis hacia atrás y os referiréis a esto como el gran experimento de la compasión o la gran integración. Después os daréis cuenta que este intento histórico masivo salvó muchas, muchas vidas sin que se hicieran realidad las advertencias negativas que se dieron. Aquellos que fueron salvados lo devolverán de una forma que no podéis ni imaginar todavía. El molde para el futuro será creado y los países se enorgullecerán de su habilidad para trabajar un rompecabezas humanitario de una manera personal y positiva. Va mucho más allá de "ayuda externa" o incluso del trabajo de Naciones Unidas. Porque será una parte intrínseca de todo gobierno.

Es posible que haya algunas cosas que te sorprendan porque la luz ganará sobre la oscuridad y la naturaleza Humana no crecerá en esa indiferencia negativa que había antes. No temerás a otros como ahora y comenzarás a elevarte por encima de la supervivencia. Queridos míos, quiero que respiréis. ¿Hay acaso algo demasiado complejo para Dios? ¿Qué te dice tu corazón? Eres el Nuevo Humano.

CUATRO

Este es el atributo final para este día: Integración del Cambio. ¿Qué siente el Nuevo Humano en la nueva energía? Es casi todo lo que les he dado hoy y más. Las cuestiones relacionadas con un gran cambio están frente a vosotros y sin embargo muchos las ven como otros problemas más en el planeta. *"Aquí viene otro problema"*, dicen ellos. El clima está cambiando, - *"Aquí viene otro problema"*. La mayoría de la humanidad no comprende que es el cambio el que de hecho está creando estas cosas.

El Nuevo Humano comenzará a evolucionar. Los que están aquí sentados y los que están leyendo esto, son Almas Antiguas y son quienes tendrán primero las respuestas – no solo aquellos en España, sino toda la familia del Espíritu en todos los países del planeta.

¿Qué piensas de la nueva energía? Seamos honestos, Ser Humano. Tú te inscribiste para esta vida tuya ahora. Hiciste una cita para esto. Estás en el lugar correcto en el momento correcto y el cambio está aquí tal como fue diseñado. Energéticamente, es frustrante. Estás viendo cosas que no habías visto antes y es atemorizante. Estás viendo pura maldad barriendo sobre ciertas culturas y no lo comprendes. No lo esperabas. ¿Sabías que esta es la primera vez en la historia en que estás a punto de combatir en una batalla contra el mal? No es una batalla con otro país o con otra cultura. En cambio, es con un grupo de conciencia muy baja que no tiene fronteras ni un lenguaje común. Representa formas muy viejas de pensamiento y depende del miedo para existir. Quiere asustaros para que continuéis igual que antes, tal como predijimos en 2012.

Os dijimos que cuando llegara el cambio, la luz se incrementaría en el planeta. Es una metáfora de la iluminación y de una nueva manera de pensar. Las Almas Antiguas comenzarían a sentirlo y se frustrarían porque las cosas no serían iguales. El cambio frecuentemente genera miedo y malentendidos. Os dijimos que la oscuridad del pensamiento viejo y de las formas antiguas de hacer las cosas se aprovecharían de esto y tratarían al máximo de detener el avance hacia la luz. Fueron nuestras palabras en ese entonces y es lo que ahora está en las noticias.

¿Creéis que todo esto es una sorpresa o tal vez una coincidencia? ¡Está justo a tiempo, Alma Antigua! Ves, la luz va a ganar y el Nuevo Humano tendrá nueva sabiduría para suministrar esa luz. Esta vez no es tan solo una guerra más. Es posible que sea la batalla final.

Es frustrante cuando occurren cambios. Algunos de vosotros estáis teniendo problemas de salud porque vuestro cuerpo está haciendo un giro y moviéndose hacia una nueva vibración. Algunos no estáis durmiendo bien. Algunos estáis preocupados y ¡ni siquiera sabéis porqué! Eso es lo que ocurre cuando la naturaleza Humana comienza a cambiar. Las grandes diferencias y cambios que están ocurriendo hacen que el Humano se sienta incómodo.

Entonces, ¿cómo se siente todo esto hasta ahora? Estoy diciendo la verdad y muchos están asintiendo con sus cabezas pues están de acuerdo. ¿Qué puedes hacer con respecto a este malestar? Quiero que te relajes un poquito en este momento: quédate quieto y reconoce que eres un pedazo de Dios. Quiero que sepas que todo lo que ves a tu alrededor es parte de una masiva rectificación del equilibrio entre la luz y la oscuridad. Con el tiempo lo verás y lo sentirás. Es posible que algunos de los que están en esta sala tengan incluso una sanación en estos dos días. Será una sanación de la ira, del odio y de la frustración. Te darás cuenta que puedes tirar lejos todo eso y comenzar a comprender que Dios se ocupa de ti, el Nuevo Humano. Estás aquí como Alma Antigua en este planeta por una razón – ¡por una razón!

Y así es.   *Kryon*

"La sincronicidad siempre está en movimiento y es dinámica, dependiendo de qué tan frecuentemente escuchas los potenciales intuitivos que te son dados. Siempre habrá personas a quién conocer. Siempre hay cosas buenas disponibles. La sincronicidad es una energía benevolente diseñada para ayudarte. ¿Estás aprovechándote de esto?

Kryon

Capítulo Dos

El Nuevo Humano Parte 2

Como indiqué antes, se hace más difícil ahora. La última lista de atributos es multidimensional e interactiva. Eso significa que el cambio de uno, cambia a cada uno de los otros.

Además, no hay realmente ni un comienzo ni un final (como en una lista normal). Como dice Kryon "¡Es difícil poner un círculo en lista!" Entonces preparaos para viajar en el tiempo, cuando Kryon da saltos mientras describe porqué debemos esperar cambio benevolente inesperado.

Lee Carroll

Capítulo Dos

"El Nuevo Humano Parte 2"
Canalización en vivo de Kryon

**Valencia, España
20 de Septiembre 2015**

Saludos, queridos míos, soy Kryon del Servicio Magnético. Antes de comenzar con la enseñanza quiero sentarme aquí con vosotros por un momento. Quiero re-energizar al séquito de Espíritu que está aquí. Todavía está aquí, desde ayer. Algunos lo sintieron cuando entraron hoy a esta sala y supieron que todavía estaba aquí. Estas cosas esotéricas son energéticas. Requieren discernimiento y sensibilidad para percibirlo, lo mismo que el mensaje que sigue a continuación.

El séquito que llega conmigo es benevolente. No está aquí esperando algo de vosotros. Es un grupo que siempre se define de acuerdo a la energía de lo que hay aquí. Está unido y te conoce y se conoce a sí mismo. El séquito es específico a esta sala y está aquí y observa y participa contigo. Está aquí como apoyo. Si llegas a tener un pensamiento, una intuición, un despertar o una sanación, está aquí para ayudarte con todo eso. Entonces, este es un muy buen lugar y momento para tomar decisiones sobre tu relación contigo mismo, con Dios y con otros.

Anoche comenzamos a canalizar y hoy terminaremos. El tema son los siete atributos del Nuevo Humano. Ahora, hay mucho más de siete atributos, pero los siete que examinamos aquí son para aquellos que están aquí y que necesitan escucharlos. Esta es la manera como la canalización responde a la energía del ahora.

Cientos de trabajadores de la luz están sentados frente a mí [hablando de la reunión de España]. Esta es la energía a la cual nos hemos dirigido, desde el momento en que mi socio se sentó ayer aquí y durante el día de hoy. Esta canalización es específica para la energía de aquellos que se sientan frente a mí y de aquellos que están escuchando y leyendo. ¡Os estoy hablándo! Yo os esperaba. Yo sé lo que traíais a esta discusión, puesto que conozco vuestras energías. Yo veo la alegría y la celebración que hay entre vosotros. Veo algunas de las frustraciones y el desequilibrio debido a ellas. El Espíritu lo ve todo y quiere tomar tu mano y ayudarte con todo, de una manera benevolente. ¡Conocemos tu nombre!

Ayer os hablamos de cuatro atributos del Nuevo Humano. Eran fácilmente comprensibles porque eran lineales. Ayer, logré ponerlos en una lista y categorizarlos para vosotros, pero esta noche no puedo hacerlo. En un conteo lineal, os di cuatro de los siete y por eso creéis que quedan tres. Sin embargo, eso no es correcto porque los tres que quedaban están de hecho en un círculo. Es un círculo interactivo y los tres juntos representan una adivinanza – un rompecabezas que tiene un enigma de relatividad interactiva. En otras palabras, una cosa afecta a la otra. Por lo tanto, no es posible hacer una lista lineal porque todos cambian al mismo tiempo y eso destroza la idea lineal de una lista, puesto que los nombres siguen cambiando.

¡Es difícil poner un círculo en lista! Para una mente multidimensional esto no sería un problema, pero a ti te gusta ver las cosas de manera lineal. Entonces puedo darte la lista de los tres pero quiero que imagines un círculo a medida que avanzamos y los tres atributos están en el centro del círculo. Si afectas uno, afectas a los otros dos. De hecho, no va a haber una lista en realidad y los nombres de los tres se intercambian y cambian constantemente.

Sin duda, parecería que va a haber tres temas, pero no es así. Incluso a medida que voy nombrándolos, lo cual debo hacer, tú establecerás una linealidad con respecto a lo que puedes esperar basado en los nombres que yo te doy. Tú querrás ponerlos en cajas separadas pero no puedes hacerlo. Estas cosas no son lo que tú piensas. Estos son los tres que quedan en el círculo que crea este acertijo para ti: Relaciones, Energía de la Tierra y Energía de los Ancestros. Ellos están juntos. Si hablas de uno, hablas de todos. El Nuevo Humano necesita ver esto. Comencemos.

CINCO – SEIS - SIETE

¿Cuál es tu relación con tu propio Akasha? ¿Tienes una relación? El Nuevo Humano la tendrá. El Nuevo Humano tendrá un recuerdo de la energía del pasado. Es un recuerdo con el que puedes contar como una ayuda, en lugar de que sea un bloqueo o una energía kármica difícil. Es una relación que es personal para ti. Os he dicho que sois vuestros propios ancestros. Piensa en eso: si has reencarnado en el mismo lugar una y otra vez, las posibilidades de que hayas sido parte de tu propio árbol familiar son grandes. Por lo tanto, tú eres tu propio ancestro. Entonces, si te pregunto cuál es tu relación con tus ancestros, lo que realmente estoy preguntándote es cómo te sientes con respecto a la participación de tu propia alma en tu propio pasado.

¿Cuánto tiempo has estado reencarnando en esta área [refiriéndose a España]? ¿Qué tal si tú eres varios de tus propios ancestros? ¿Cuál es tu relación con el Akasha que contiene a los tres? ¿Qué tal si fueran más de tres? ¿Qué tal si ellos [tus vidas pasadas] fueran géneros diferentes?

Ahora, habrá intelectuales aquí que tratarán de separar esto y en su linealidad confundirán la biología con el Akasha. No estamos hablando de ascendencia biológica directa sino de familia akáshica. Tu Akasha está separado de tu ascendencia biológica pero ocasionalmente se traslapan. Ocasionalmente, es posible que hayas sido tu propio bisabuelo. ¿Estás confundido? ¿Cuál es tu relación con esto?

Por ejemplo, es posible que tengas la huella biológica de tu bisabuela o de tu bisabuelo y sus atributos, talentos y apariencia. ¡Sin embargo, tu vida inmediatamente anterior a ésta puede haber sido en otra cultura! Digo esto para mostrarte que toda esta discusión es tan compleja y no puede ser lineal. Entonces podrías decir que el linaje de tu alma es a veces diferente de tu linaje químico, pero ellos coexisten juntos en tu cuerpo.

Extendámonos en esto. ¿Cuál es tu relación con las estrellas? ¿Hay alguna? Te has aislado a ti mismo pensando que simplemente eres de la Tierra. ¿Crees que evolucionaste del barro de la Tierra? Te sorprenderías, querido mío, porque tú tienes ADN multidimensional y ese es literalmente la esencia de las estrellas. ¿Será posible que tengas familia que no está en el planeta? Hablamos de padres-semilla. ¿Cómo te sientes al respecto? ¿Es acaso demasiado extraño?

Déjame decirte algo. El Nuevo Humano se sentirá relajado con esta idea y se unirá a muchos de los antiguos que creen que la energía Pleyadiana de las Siete Hermanas fue la que sembró a la Tierra. Lo hizo con benevolencia espiritual y con un propósito cósmico. Vayamos un paso más allá. Si esa premisa es verdadera, ¿tuvieron entonces los Pleyadianos semillas de otro sistema de estrellas? Y si es así, ¿estás entonces relacionado con las semillas de tus padres-semilla? ¿Está tu Akasha Humano limitado a las vidas en la Tierra? ¿Si tu huella inicial viene de las estrellas, es también parte de tu Akasha Humano? Y si lo es, ¿que hay con respecto a las semillas de tus semillas? ¿Quién les dio inicio?

¿Por cuánto tiempo ha estado sucediendo esto? Te lo hemos dicho antes: el planeta Tierra es joven – muy joven. Vosotros sois los nuevos en la galaxia y las semillas que tenéis de las estrellas son muy antiguas. Hay otra vida en la galaxia que es mucho más antigua que la humanidad y que tuvo civilizaciones similares a las vuestras incluso antes de que se iniciara la vida en la Tierra.

Entonces piensa en esto: ¿quién eres tú? ¿Qué hay en tu Akasha? ¿Qué tal si eres eterno? Quizás no eres solamente una Alma Antigua de la Tierra. ¿Qué tal si eres una alma Universal? ¿Qué significaría eso para ti hoy en día, si fuera cierto? Bueno, Alma Antigua, ¡es verdad! En tu interior hay una conciencia creciente de que eres de las estrellas y de que estás muy cerca de la Fuente Creadora del Universo. El Nuevo Humano estará cómodo con esto.

Y se vuelve más complicado. ¿Cuál es tu relación con el planeta Tierra? Ahora, no nos referimos a eso que es el barro de la Tierra. Tu planeta tiene una energía de benevolencia que trabaja con la conciencia de la humanidad. Se llama Gaia. Algunos de vosotros conocéis esto profundamente. Vas al campo y lo sientes y te habla. Quizás te sientas bajo un árbol o al lado de un arroyo – y el viento en los árboles te susurra, "Te conocemos – Todo está bien". Gaia te conoce como te conocemos nosotros. ¿Cuál es tu relación? ¿Tienes acaso una? ¿Se traslapa con tu Akasha?

El Nuevo Humano conocerá de su relación con la Tierra. Te hemos hablado antes de la influencia que tiene Gaia en tu conciencia. Yo soy Kryon, el Maestro Magnético. Este es el nombre que te he dado, porque te hemos enseñado que la rejilla magnética del planeta es necesaria para tu vida misma. De hecho, posiciona tu conciencia [le permite existir]. Comenzamos a canalizar hace casi tres décadas y la primera información que te dimos fue que la rejilla magnética tendría un giro y un cambio permitiendo el desarrollo de una nueva conciencia Humana. Esto era para facilitar la evolución de una nueva naturaleza Humana e incluso para que la eficiencia del ADN comenzara a incrementarse. A propósito, la rejilla cambió tal como lo dijimos y esto ya es parte de la ciencia.

La química de tu ADN físico puede parecer igual durante siglos, pero su parte multidimensional estará cambiando. La rejilla magnética está intrínsecamente relacionada con tu conciencia y es energía de Gaia. ¿Le hablas a Gaia alguna vez? ¿Te das cuenta que eso es TODO lo que hacían los Antiguos? Casi todas las antiguas civilizaciones tenían un gran respeto por la energía de la Tierra y esa fue la energía seminal que los griegos utilizaron para crear sus dioses mitológicos. Gaia era la abuela de Zeus, el más grande y elevado de sus dioses. Gaia era la mayor energía en la mayoría de las civilizaciones antiguas porque Gaia tiene una conciencia propia que puede sentirse y es una energía que te apoya. Entonces, de nuevo, ¿crees que está totalmente separada de las otras relaciones esotéricas que tienes, o podría estar de algún modo fusionada?

Ahora, déjame avanzar con esto: ¿cuál es tu relación con los Antiguos? No con aquellos inmediatamente anteriores sino con aquellos que estuvieron aquí hace miles de años. ¿Sabías que ellos conocían a Gaia? ¿Sabías que ellos celebraban el magnetismo? Probablemente no te habías dado cuenta ¿verdad? En sus ceremonias, los Antiguos de este planeta frecuentemente honraban el oriente, el sur, el norte y el occidente [no en ese orden]. ¿Qué estaban haciendo? Estaban celebrando las direcciones magnéticas del planeta. Estaban sintiendo la energía de las rejillas que les ayudaban dándoles equilibrio y vida.

¿Sabías que muchos de los antiguos cazaban los animales que necesitaban como alimento, utilizando las líneas de la rejilla? Esto era posible porque ellos sabían que los animales tenían la tendencia a ir por rutas que se alineaban con las direcciones de la brújula [líneas de migración]. Los Antiguos contaban con Gaia para su supervivencia, algo que vosotros habéis perdido en el presente.

De nuevo te pregunto, ¿cuál es tu relación con los Ancestros y con Gaia? ¿Ves el acertijo que hay ante ti? No son tres atributos los que estamos discutiendo sino más bien un círculo de energías unidas y es hermoso. Te pregunto: ¿quién eres, realmente?

Las relaciones son interesantes y ahora se vuelve verdaderamente personal. ¿Cuál es tu relación con la Fuente Creadora [Dios]? ¿Crees que es real? ¿Crees que hay un solo Dios, bello y benevolente, que nunca te juzga y que te ama? ¿Estás consciente de esa relación? ¿Cuál es tu relación con el cuerpo inteligente [Innato]? ¿Le has hablado alguna vez a tu Innato? ¿Alguna vez has dicho cosas sabiendo que el Innato dentro de ti está escuchando? ¿Sabías que tu Innato conoce tu ascendencia? Tu Innato también conoce tu relación con las estrellas. Se vuelve complicado ¿no es así? Bueno, queridos míos, no tiene que serlo.

Todas estas cosas que estamos dándote se activan automáticamente, sin tener que examinarlas intelectualmente ni entenderlas. Este círculo que acabo de describir es parte de la energía de tu Merkabah. Todas las relaciones que hemos mencionado: tus vidas pasadas, tu linaje ancestral, tu conocimiento de la energía de la Tierra y tu semilla biológica, están contenidas en algo que es parte de ti.

Queridos míos, camináis por ahí con un campo enorme que es multidimensional. Tiene ocho metros de ancho y se llama el Merkabah Humano. Es un hermoso plano esotérico de TI. Si pudieras verlo como lo veo yo, verías la geometría sagrada dentro de él. Este es quién tú eres y no tienes que preocuparte ni entender los detalles de ningún sistema esotérico. Una vez que te has comprometido con tu creencia de que así es como funcionan las cosas, activas tu propia conciencia de las cosas.

La sincronicidad siempre está en movimiento y es dinámica, dependiendo de qué tan frecuentemente escuchas los potenciales intuitivos que se te dan. Siempre habrá personas para conocer. Siempre hay buenas cosas disponibles. La sincronicidad es una energía benevolente diseñada para ayudarte. ¿Estás aprovechándote de esto?

Si comienzas a conectarte como te hemos dicho esta noche, cosas elegantes y misteriosas comenzarán a entrar en foco. Todas estas cosas que te hemos traído, se unen en un paquete llamado el Nuevo Humano. No es algo que tengas que poner en una lista o escribir y la única razón por la cual te lo hemos dicho esta noche es para que veas la enormidad del asunto y aprecies su complejidad.

¡Qué hermoso es todo esto! Imagina la sabiduría que puede llegar en el futuro. Imagina a los niños que nacen con un real entendimiento de quienes pueden llegar a ser y tan pronto como pueden hablar y pensar saben hacia donde van. Los niños comenzarán a recordar las experiencias pasadas.

Es tiempo de honrar a Gaia, incluso si vives en la ciudad. Puedes honrar a Gaia a través de tu conciencia. Es tiempo de honrar tu ascendencia, que eres tú mismo y todas las cosas que pueden haber ocurrido en el pasado. Es tiempo de honrar a tu Akasha que es la relación que tienes con tus vidas pasadas en este planeta. Las cosas que te bloqueaban comenzarán ahora a ser algo que te realza. Pon atención a tus sueños, especialmente aquellos que te dejan sintiéndote maravillosamente y con un corazón bondadoso. Esta es una nueva energía que apenas ahora comienza a trabajar contigo de una manera diferente.

"Kryon, frecuentemente hablas con acertijos y no comprendemos lo que está sucediendo." Toma una profunda respiración. Te dije que este mensaje daría saltos y que estaría en un círculo. Entonces, este es mi mensaje: los tres atributos de relaciones esotéricas que quedaban pendientes de explicar comenzarán a desarrollarse en el

Nuevo Humano. Esto va a realzar la conciencia y la compasión. Se fundirán todos en un Humano equilibrado que sabe que la vida está en todas partes y que es parte del panorama completo de todo.

Queridos míos, ¿podríais por favor sentaros y dejar de trabajar sobre el acertijo? Solamente sentaos y reflexionad en esto: ¿comprendéis el amor? No realmente. Ningún Humano lo hace. Sin embargo, ¿podéis amar? Si. No puedes intelectualizar el amor entonces estamos diciéndote que simplemente te sientes y dejes que estas cosas sean. Deja que lentamente entren en foco y tal vez tendrás eso que llamamos la experiencia "ajá": *"¡Ahora lo sé! Lo comprendo por mí mismo automáticamente porque lo solté."* Los mejores inventos de la historia sucedieron cuando los inventores soltaron el acertijo. Las mejores soluciones a los problemas llegan cuando dejas de analizarlos. Esta es la benevolencia del Espíritu.

El Nuevo Humano está comenzando a despertar en el planeta. Los niños tendrán atributos que tú no tuviste. Sin embargo, el Alma Antigua tiene la sabiduría para comenzar a utilizar estos nuevos atributos en este momento en el planeta. Son atributos que no estaban ahí antes.

¡Espéralo todo! Espera el cambio benevolente. Despierta con la esperanza de que las cosas serán diferentes para ti hoy y mañana. Deja que la compasión sea tu guía. Estas son las cosas de las que hablamos ahora y de las que hemos hablado antes.

Queridos míos, yo represento a la Fuente Creadora.

Estoy enamorado de la humanidad y de nuevo ahora saben porqué.

Y así es.   *Kryon*

Capítulo Tres

La Triada

Preparaos para re-escribir lo que todos aprendimos en la escuela sobre el cerebro. Yo siempre pensé que mi cerebro era el que controlaba todo en mi cuerpo y mi pensamiento. Kryon nos invita a ver la relación con otros dos atributos del cuerpo, que unidos crean el equilibrio de la salud y de la conciencia. ¿De dónde viene la intuición? Si el cerebro envía señales al corazón para que palpite, entonces ¿porqué éste continúa teniendo un ritmo perfecto aún si la columna vertebral sufre daños y las señales del cerebro quedan bloqueadas? ¡El corazón continúa palpitando como si la señal todavía estuviera presente! ¿Qué tal si hay un sistema más grande que debemos considerar y con el cual debemos trabajar, que nos da una idea más completa de cómo funcionamos o de cómo pensamos? "La Triada" comienza a responder algunas de estas preguntas.

Lee Carroll

Capítulo Tres

"La Triada"
Canalización en vivo de Kryon

**Charlottesville, Virginia,
10 de Mayo 2015**

Saludos, queridos míos, soy Kryon del Servicio Magnético. La pausa que siempre sigue al saludo es para que mi socio salga. Seguramente habéis notado que no parece haber preparación para esta canalización. En una vieja energía la habría y el Ser Humano tendría que preparar su mente de tal manera para que su estructura y su psiquis pudieran alterarse. Si tuvieras una manera de medir esto en su cerebro, verías el proceso de la preparación. Verías el cambio de las ondas alfa y beta, pero no es así ahora. Y la razón para esto es porque hace un tiempo, él dio permiso para una fusión y una conexión contínua, un caminar más de cerca que lo haría un Ser Humano más compasivo. Y al mismo tiempo, no habría preparación para la canalización. Él tendría todo el tiempo un pie dentro y fuera de la 3D. Entonces, cuando se requería el 100 por ciento, simplemente se haría a un lado. Pero ese hacerse a un lado es lo más difícil que él hace. Todo esto tiene que ver con el cerebro Humano – aquello que está implicado en esto y que conoces y también lo que no conoces y lo que está evolucionando en ti para que ahora lo sepas.

La canalización de esta noche es informativa y se ocupa de cosas que no hemos discutido antes de esta manera. Traeré un nuevo concepto, pero no será complejo porque es tan solo una introducción. Sin embargo, es una introducción al concepto de un humanismo en evolución.

Lo nuevo frecuentemente es polémico

Estáis avanzando hacia una nueva energía que va a cambiar el propio tejido de vuestra conciencia. Quiero explicar cosas que nunca antes he explicado y algo de esto será polémico. Dejadme comentar sobre esto: tú crees ciertas cosas porque has aprendido de cierta manera. Una vez que has cognizado algo [has comprometido tu creencia con ello], te pertenece. Entonces lo que estamos diciendo es que hay un "surco" dentro del cual has estado pensando por mucho tiempo. No es una sorpresa que algo de esto te impacte negativamente. Pero estas cosas pueden ser re-escritas si eliges re-cognizarlas. Entonces te digo esto: NO TOMES lo que sigue ni te vayas con ello simplemente porque yo lo dije en canalización. Quiero que lo disciernas con tu propia mente y midas por ti mismo su viabilidad y su sentido común. Vuélvelo real. ¿Será posible que las cosas sean ahora diferentes de cómo te entrenaron? ¿Cambió la energía? Si es así, ¿será posible que la conciencia espiritual haya abierto más áreas para el descubrimiento? Si puedes pensar por fuera de la "caja aprendida" es posible que puedas comenzar a validar algunas de las cosas que has visto últimamente. Lo que aprendiste originalmente realmente no ha cambiado. Simplemente se hizo más grande y se ve diferente.

La mente Humana es compleja

La mente Humana es compleja. Si tuvierais que separarla en compartimentos y observar los diferentes tipos de pensamiento que tienen los Humanos, se haría aún más compleja. Ha sido estudiada durante años, pero de manera tridimensional; lo máximo que han logrado es ver a la mente Humana como una operación sucinta de sinapsis que permite la supervivencia. De acuerdo a la ciencia, el cerebro te lo da todo. Te da supervivencia; te da intuición y agudeza mental; te da todas las funciones coordinadas del cuerpo - todo. Podrías decir que es el que conduce el bote de la vida.

Adicionalmente, cuando comenzaron a estudiarla más, descubrieron que los hemisferios derecho e izquierdo hacen cosas diferentes y se conectan de manera diferente en hombres y mujeres. Todo lo estudiado indica que el cerebro es el controlador y el centro de la conciencia y de todas las cosas Humanas.

El verdadero escenario del cerebro

El concepto que traemos esta tarde es que no hay un solo cerebro dentro del Ser Humano. En cambio, hay tres. Para que veas esto claramente, en este corto tiempo en que estaremos juntos, voy a dar la mejor ilustración metafórica que puedo hacer con respecto a lo que está ocurriendo. Bajo la premisa de que no sabes lo que no sabes, has hecho lo mejor. ¿Qué más podrías haber hecho? ¡Lo único que tenías para mirar era el cerebro! Por lo tanto, el cerebro es todo lo que hay. Ven conmigo y juguemos con esta metáfora. Es lo mejor que puedo hacer para explicar algo muy especial y nuevo.

Un viaje metafórico

Estás en una habitación observando una mesa. Es un puesto de trabajo de un Humano moderno y sobre la mesa hay un ordenador. Casi todos los que están aquí reconocen este instrumento y muchos lo han operado. La mayor parte de vosotros saben lo que hace. Sin embargo, un Antiguo no tendría ni idea. Entonces, en este ejemplo y para esta alegoría metafórica, pretenderemos que tenemos un Antiguo [alguien muy viejo] de hace unos 100 años, avanzando hacia este puesto de trabajo y asombrándose por lo que ve.

En esta historia, tú no puedes comunicarte con él pero si puedes mostrarle el ordenador. Entonces, sin explicación, sin ayuda y sin que tú puedas decirle algo, él ve y percibe la magia de lo que éste puede hacer. Él puede leer la pantalla y comienza a entender el ratón (mouse) y la operación del aparato. Comienza a presionar botones y ve cosas – ¡cosas increíbles! ¡Esta caja hace cosas que nadie allá en su casa creería! ¡El futuro es sorprendente! Él se maravilla ante la inmensidad de todo. Descubre Google pero no tiene idea de cuál es el concepto. Ve el mundo en la punta de sus dedos, todo en una caja. Es difícil creer en este poder de la información y de la acción. ¡No hay nada que eso no sepa! Todos los idiomas del mundo están en esa caja. Cualquier tipo de información que él haya querido saber, sobre cualquier cosa, está en esa caja. ¡Cualquier cosa! Después descubre que puede escribir un mensaje a casi cualquier persona que esté en cualquier lugar. ¡También es un aparato para la comunicación!

Esto es asombroso, increíble y él eventualmente se aleja de la experiencia con una sólida percepción de lo que ha visto con sus propios ojos. Cuando regresa en su máquina del tiempo, escasamente puede esperar para contarle a los de su generación de hace 100 años, lo que ha visto – con respecto a la tecnología y a una caja que hace todo y se comunica con todos. Es como si todas las bibliotecas del mundo estuvieran juntas en una pequeña caja – todos los idiomas, todas las enciclopedias y todas las repuestas a cualquier pregunta. La caja sabe de todos los individuos conocidos de la historia, con todos los detalles – todo eso en una caja – y está disponible para todos los Seres Humanos. La percepción, sin explicación alguna, es sólida y lógica pero defectuosa.

La conexión oculta

Tú lo sabes, ¿no es así? Tú lo ves, tú sabes que la "caja" está conectada a Internet. Si tú desconectas el ordenador de la red, simplemente sería una máquina para hacer cálculos. Oh, es posible que puedas escribir una carta o hacer una hoja de cálculo, pero no puedes preguntarle nada ¡porque no está conectado!

Lo que ese Antiguo no comprendió ni podía siquiera comenzar a concebir era la World Wide Web (www). El no vio el pequeño cable que estaba enchufado a la base del ordenador que le daba la habilidad mágica de saber todo sobre todo. Y aún si él hubiese visto el cable, éste no significaría nada para su percepción. Para él, la caja lo hacía todo. ¡Él lo había visto!

Ahora, regresemos al cerebro. Todos estos años, lo único que habéis estudiado como Humanos, es ese cerebro que creéis es tan asombroso y mágico. No sabéis nada de esa conexión del cerebro al Internet multidimensional que está dentro del cuerpo. ¿Cómo podríais saberlo?

El cerebro Humano

Tu cerebro es un gran y maravilloso ordenador sináptico químico. Déjame definir esto mejor: la sinapsis de la que hablamos es el proceso activo por el cual señales electromagnéticas pasan a través de caminos de la matriz neural del cerebro. Se da desde muchos puntos de unión a otros, a la velocidad del rayo. Te da la habilidad de controlar tu supervivencia, tu cuerpo y tus pensamientos en 3D.

El pensamiento expansivo, tal como lo entiendes, está relacionado con el cerebro. Tú has mirado el cerebro y has dicho, "Esta es la zona creativa. Es la responsable de la música, el arte, la poesía, la escultura y el intelecto".

Nunca viste el cable, ¿o sí?

El cerebro no tiene nada que ver con la creación de esas cosas. ¡En cambio las facilita! Las facilita pero no es responsable de ellas.

Así como la caja en esa habitación metafórica es la estación de control de la red, tu cerebro es la estación de control de mucho, mucho más. Parece que estas cosas simplemente vienen de la caja, que es tu cerebro. Pero no es así.

Mucho de lo que tú consideras creativo y/o espiritual, incluyendo la canalización, viene de la conexión pineal. Esto incluye tu parte intuitiva que está creciendo con tu evolución espiritual. Esta es la parte de tu conciencia que está conectada con eso que tú llamas tu Yo Superior. Puedes llamarlo como quieras, pero es la conexión de la Fuente Creadora al cerebro. Está ahí y algunos la saben utilizar y otros no. Se abre ampliamente solamente a través del libre albedrío y quienes están creando cosas increíbles están conectados a la red – la pineal. Sin embargo, tú lo ves como si estuviera sucediendo en el cerebro.

El cable invisible que no ves, la capa sobrepuesta que no reconoces dentro del cerebro, es la conexión al exterior que muchos de vosotros estáis comenzando a comprender y a sentir. El cerebro facilita estos atributos, pero no los crea. La intuición no viene del cerebro, pero es facilitada por el cerebro. El cerebro entonces la activa en eso que tu llamas pensamiento. Es posible que veas esto en gráficas de termografía junto con todo lo demás que tú crees son sinapsis que están ocurriendo en el cerebro, pero el cerebro simplemente está procesando lo que está recibiendo de otra parte.

Si tú desenchufas el cable de la "red", lo único que el cerebro puede hacer por ti es mantenerte respirando y darte un pensamiento básico de supervivencia. Puedes huir del tigre de Bengala para que no te coma. Puedes cultivar tu alimento, tener hijos y aprender a conducir un carro, pero no harás música ni crearás una escultura. El cerebro no se analiza a sí mismo. Pero cuando está enchufado, hace todo eso.

Las tres partes – Más para considerar de lo que tú piensas

Hay tres partes del cerebro del Ser Humano, pero vosotros solo estáis conscientes de dos de ellas. Vamos a daros la tercera parte esta noche. El segundo cerebro del Ser Humano, que es procesado por la parte sináptica [la caja del cerebro] es la pineal. Esta es la responsable del pensamiento creativo, la intuición y la conciencia intelectual. La intuición está comenzando a crecer en la humanidad y esto viene del Innato que está dentro del cuerpo. Está haciéndose más inteligente y está pasando más al cerebro para que procese a una mayor frecuencia y con más intensidad, a medida que evolucionáis. También está comenzando a dar información akáshica [recuerdos de vidas pasadas]. Podrías decir que la red de tu pineal está haciéndose más rápida y tu cerebro lo está procesando. Estás sintiéndote más intuitivamente consciente de las cosas.

El puente entre la conciencia Humana y el cuerpo inteligente, el Innato, está comenzando a madurar y a crecer. Estás saliendo del modo de supervivencia y muchos estáis comenzando a despertar a una verdad más grande. Todo esto está siendo realzado en el Ser Humano al punto que los Humanos pensarán, "¡El cerebro está funcionando mejor!" No lo está. El cerebro sigue siendo el cerebro y procesa una mejor intuición de la pineal. El cerebro sigue siendo un maravilloso órgano para la supervivencia, pero la intuición se va a hacer más y más fuerte. De nuevo, tu Internet espiritual está volviéndose más rápido.

En esta energía 3D, tú solo ves el órgano que crees es responsable de todo lo que haces, pero realmente hay tres. El Ser Humano evolucionado tiene el potencial de crear luz [energía de conciencia]. Acabo de darte algo que podemos estudiar más tarde

— nueva información. Hay una percepción de que la espiritualidad es luz blanca. Está en todas partes. La has visto en todas partes. Está la historia de Moisés y la zarza ardiente. Era una llama que no se consumía pero si pudieras verla, verías que en realidad era luz blanca. Para él era una conciencia más elevada que cualquier cosa que hubiera visto antes, una energía angelical llegando a través de su pineal, proyectándose a él.

Cuando tienes una experiencia cercana de la muerte, vas a la luz. Esto es más que metafórico. Comienzas a crear algo que llamaremos divinidad y maestría. La luz blanca que viene de ti es el tú de conciencia elevada. Entre más se incrementa la eficiencia de tu ADN, más blanca se vuelve la luz. Esta es una metáfora pero frecuentemente hay verdad detrás de toda mitología y esta una de esas. Queridos míos, comenzáis a volveros más angélicos cuando comenzáis a comprender la tercera parte.

El tercer cerebro

Os hemos dicho antes que hay un misterio alrededor del corazón Humano. El corazón Humano, queridos míos, es la tercera parte del cerebro. La ciencia nunca ha logrado comprender porqué el corazón tiene un campo magnético tan tremendamente grande. Es aún más grande que el de cualquier otro órgano, incluyendo al cerebro con toda su actividad sináptica. El corazón lo ensombrece de tantas maneras y sin embargo al examinar el corazón de manera corporal se obtendrá información que parece ser muy común y corriente. El corazón simplemente bombea sangre a un ritmo específico, acorde con señales que envía el cerebro. Sin embargo, hay mucho más.

Cuando comenzamos, te dimos instrucciones para *conectar los puntos* y ésta es tu oportunidad. Cuando la espina dorsal se rompe en un accidente, el corazón continúa bombeando. Las señales del cerebro, que supuestamente controlan la frecuencia y el ritmo, están desconectadas. No hay señales y sin embargo el corazón sigue bombeando. No solo eso, sino que la digestión continúa, la función del hígado, del páncreas y de otros órganos continúa dándose e ¡incluso la reproducción continúa! Todo esto sin el cerebro.

Hay un tercer elemento de conciencia que está centrado en el corazón Humano. Tú has identificado al corazón, metafóricamente, como el símbolo del amor y estás en lo correcto. Estas tres partes de la conciencia Humana van más allá del cerebro como un órgano. Es la trilogía de la supervivencia. También está representada por la energía del tres [en numerología] que ves en toda la historia espiritual. Son los tres caballos que tiraban el carruaje de la ascensión, el Merkabah de Elías. Es la trilogía de la Deidad de muchas iglesias [Padre, Hijo, Espíritu Santo]. En tu cuerpo, es la pineal [intuición del Creador], el cerebro [supervivencia] y el corazón [compasión].

En los maestros de este planeta, las tres funcionaban bien, pero no en ti en una vieja energía. En la vieja energía, tú solamente estabas en modo de supervivencia. Lo que está ocurriendo es que estás evolucionando y el Innato del cuerpo está haciéndose más fuerte. El ADN está comenzando a volverse más eficiente y estas partes finalmente están comenzando a conectarse. Queridos míos, lo que separa a un Ser Humano en supervivencia de un maestro, es la compasión intuitiva. La compasión es generada por el corazón y esto no es una metáfora. Es parte del corazón-cerebro.

Hay cosas en esta trilogía que tú deberías comprender. Conecta los puntos y comienza a utilizar la ciencia para entender y saber que hay cosas que no son visibles en ningún espectro medible hasta ahora. Pero no significa que no estén sucediendo, por el simple hecho de que seas ciego con respecto a esto en este momento. Simplemente no has descubierto todo todavía, pero el avance en la física multidimensional ayudará. Escúchame, a medida que van llegando nuevas invenciones de la física, debes involucrar a la biología también. No separes estas dos ciencias [como lo hacen ahora]. Tendrás una mejor idea de la verdad de todo esto cuando puedas mapear de una manera cuántica la emoción, el pensamiento y el comportamiento Humano. Se mostrará a sí misma inmediatamente.

El cerebro es el responsable de coordinar estas tres partes, pero ten en cuenta que las otras dos están trabajando mucho. Siempre parecerá que la intuición y la compasión están viniendo directamente del cerebro, así como al Antiguo le parecía que la magia salía de la caja. Conéctaos con un panorama más grande, queridos míos. La tríada de la conciencia Humana es el comienzo de la comprensión de la maestría.

Esto es todo lo que queremos contarte ahora. Es algo para digerir en tu lógica y en tu espiritualidad, ¿no es así? Piensa en ello y pregúntale a tu propia intuición, "¿Es verdad? ¿Será posible que el cerebro Humano sea tan solo el facilitador de algo más grande?" Esta información comienza a explicar algunas mediciones que antes no podías explicar con tan solo tus creencias convencionales de la biología. Comienza a explicar porqué, cuando un Ser Humano toma ciertos tipos de decisiones, de repente parece que el cerebro controla mejor el cuerpo. ¿Porqué puede la salud corporal cambiar repentinamente, sanarse, pedir otros tipos de alimentos y tener sabiduría biológica? ¿Cuál es la causa de la remisión espontánea? Queridos míos, si no estuvierais conectados, nada de esto sucedería. Piensa: no es el cerebro el que te dio eso. El cerebro simplemente facilitó la conexión con ese pequeño cable – la Fuente Creadora, la luz blanca.

Esta noche han sido dadas metáforas y cosas que también significan otra cosa, para que las examines. Es la manera como comenzamos la enseñanza de cosas profundas. Lo haremos una y otra vez, después lo elaboraremos más y más y hablaremos interminablemente de ello – para que tú lo entiendas. Ya es tiempo de que conozcas esta gran imagen de la tríada, la trilogía de la creación en el interior del Ser Humano. Yo soy Kryon, enamorado de la humanidad y por una buena razón.

Y así es.   *Kryon*

"La Humanidad va a comenzar a vivir más tiempo por varias razones. Llegará un día en que la energía cuántica podrá ser utilizada para la sanación y para una asombrosa extensión de la vida. Será una activación artificial con otros campos que son cuánticos y el resultado será un rejuvenecimiento parcial."

Kryon

Capítulo Cuatro

El Futuro del ADN

Aquí estamos de nuevo, mezclando la química con lo esotérico. Algunas personas siguen preguntándose, "¿Qué tiene que ver mi ADN con mi espiritualidad?" Dios es el físico y biólogo maestro y lo ha creado todo con armonía y elegancia perfecta. Todo lo que tenemos está integrado con todo lo demás en el planeta. Toda la química de la vida del cuerpo es parte de la espiritualidad y responde a la conciencia. El libro doce de Kryon denomina las doce capas esotéricas del ADN con los doce nombres de Dios. Tu registro akáshico está en tu ADN así como las semillas del Creador (Dios Adentro). Este ha sido el tema de Kryon por muchos años: nuestro ADN es la huella de nuestra conciencia y comenzará a evolucionar de ciertas maneras para darnos en el futuro un paradigma de vida completamente diferente. No es solo química. Algo de ciencia se presenta aquí pero más que nada es una explicación de lo que el ADN le va a aportar al Huevo Humano, a medida que continuamos evolucionando.

¿Crees en las "células génesis"? Este concepto está presentado aquí y continúa luego en el siguiente capítulo.

Lee Carroll

Capítulo Cuatro

"El Futuro del ADN"
Canalización de Kryon en vivo
**Minneapolis, Minnesota
1 de agosto 2015**

Saludos, queridos míos, soy Kryon del Servicio Magnético. Mi socio se hace a un lado, como debe hacerlo para que una canalización como ésta pueda ser dada. Él sabe cómo es esto y lo ha hecho muchas veces. Está en un lugar, si así quieres llamarlo y está escuchando como tú estás escuchando. Sin embargo tiene distracciones distintas a las que tú tienes y ha hablado de esto antes.

No es él quién habla ahora. Soy yo y de nuevo decimos que debes limpiar tu percepción para poder cognizar lo que se está diciendo. Hablo de cosas que están más allá de tu conocimiento y hablo de la verdadera energía de este planeta que en este momento es física. Hemos hablado muchas veces de una física extraña, pero no vamos a hacerlo hoy. En cambio vamos a hablar de cosas físicas tridimensionales que están afectándote a través de una fuente multidimensional que está cambiando aquello que conoces y comprendes.

El cambio planetario ha sido la profecía de muchos

Algo de esto os parecerá como un repaso, pero no lo es. Es la consolidación de muchas pequeñas partes que os he dado antes, con el fin de mostrar lo que está ocurriendo hoy en día. El tema es el ADN. El ADN no es simplemente una molécula química en el cuerpo. Es un pedazo de divinidad multidimensional. La molécula que llamaís ADN está en toda la galaxia, queridos míos. Es la vida y es la manera en la que se forma la vida en todas partes. Es el patrón y la geometría de la vida en todas partes y váis a ver esto algún día cuando seréis capaces de observar vida proveniente de otros planetas. El ADN solo puede cambiar a través de la física, porque es la física la que controla la química. Está a punto de cambiar.

La física de la conciencia

Dejadme repasar algunas cosas que he dicho en el pasado, para que podáis ver cómo se relacionan con la lección de hoy. Hace veintiséis años, cuando comencé a dar mensajes, le dije a mi socio que escribiera su primer libro diciendo que la rejilla magnética de la Tierra cambiaría. Sin duda, así fue. Esto ahora es historia científica y el norte magnético se ha movido unos cuantos grados desde esa época. Dije en el mensaje que la rejilla magnética está relacionada o entrelazada con la *física de la conciencia Humana*. Tenedlo claro: la conciencia no es una cosa esotérica que no puede ser medida. Es física real que simplemente no se ha visto todavía. Muchos experimentos que están teniendo lugar en el planeta en este momento han dado cuenta de que la fuerza del campo magnético cambia con la conciencia humana masiva [coherencia con eventos compasivos en el planeta]. Cuando logréis medir claramente campos multidimensionales, podréis ver la correlación entre el campo magnético de la Tierra y la conciencia humana. Por lo tanto, podréis decir, *"Como va la rejilla, va la conciencia humana.* Ahora ya sabéis porqué me llaman "el Maestro Magnético".

La rejilla magnética y el cambio que está llegando

Lo que deberías notar es que la rejilla no se ha movido mucho en la historia humana y ha permanecido relativamente estática a través de mucho tiempo. Sin embargo, en 1987 comenzó a moverse mucho. ¿La razón? Está moviéndose para posicionarse de tal manera que pueda recibir algo – algo esperado que está viniendo. Piensa que es como si movieras tus muebles para tener una mejor vista de algo que no sabías que era visible. El reposicionamiento de la rejilla es para algo que está viniendo y que vamos a llamar "energía evolutiva" y es física. ¡Es realmente física! ¡De hecho, incluso puedes verla venir!

Hace unos años antes de eso, os dijimos que el planeta estaba entrando en un área del espacio en la que nunca antes ha estado. Esto no es algo esotérico. Pregúntale a un astrónomo, *"¿Está el sistema solar saliendo de una burbuja protectora y entrando a un nuevo tipo de radiación o de energía que no se había visto antes?"* ¿Será posible que tu sistema solar esté perdiendo una envoltura protectora que siempre había tenido debido al lugar donde estaba en el espacio?

Dejadme explicar esto mejor para aquellos que no entienden mucho sobre el movimiento galáctico y sobre el sistema solar. Todas las estrellas en tu galaxia están moviéndose lentamente alrededor del centro. Tú sistema solar y su estrella [Sol] siempre han estado avanzando, mientras rotan alrededor del centro de la galaxia. A medida que tu sistema solar va rotando alrededor del centro, va entrando en un nuevo período de tiempo y espacio. Sin embargo, se mueve tan lentamente [millones de años para una vuelta], que para toda la humanidad siempre ha estado en una energía, como en una burbuja protectora – y ahora cambia. ¿No lo crees? Investiga o pregúntale a un astrónomo si hay algo diferente. Convierte esta canalización en algo real para ti y comprenderás mejor lo que te estoy diciendo.

El rol del Sol

Puesto que estáis avanzando hacia esta nueva energía, o lo que algunos incluso han llamado "radiación", deberíais saber cómo funciona, porque está muy relacionada con el Sol. Físicamente, afecta al campo magnético del Sol [la heliosfera] que luego la envía como una ráfaga al campo magnético de la Tierra a través del viento solar. Esta es la explicación física pero queridos míos, dejadme daros la parte esotérica. Este ha sido el plan desde siempre, que si vosotros como raza humana, pasabais el marcador de 2012, entraríais en esta área del espacio y el magnetismo cambiaría, facilitando el cambio de la conciencia humana. Queridos míos, esto siempre estuvo ahí esperando que se pasara el marcador. Es por eso que vine hace 26 años y os dije que el magnetismo cambiaría. Esta es una energía evolutiva que va a afectar al Sol – la heliosfera de tu Sol – que luego pasará al campo magnético de la Tierra, un campo que ahora ha sido reposicionado para esta nueva conciencia.

Oh, hay aquellos intelectuales que dirán, *"¿Y qué tal si nos hubiéramos destruido a nosotros mismos, como lo decían las profecías? ¿Qué tal si no hubiera humanos para recibir esto?"* La respuesta es simple. Si no hubiera habido humanos aquí, en todo caso el planeta habría entrado en esta nueva área del espacio y las mismas energías hubieran estado ahí, pero vosotros no estaríais. Simple. ¡Pero ciertamente, aquí estáis!

Entonces ahora podéis ver que la profecía de los indígenas también se está cumpliendo. Porque ellos hablaron de los cambios que vendrían después de la precesión de los equinoccios [diciembre 2012]. ¿Cómo pueden haber tenido ellos esta profecía acerca del movimiento del planeta hacia un nuevo lugar alrededor de la galaxia? ¡Pensad en ello! Estas cosas no son nuevas e incluso los Antiguos dijeron que esto iba a llegar. Es posible que ellos no supieran los detalles científicos específicos, pero su profecía es la misma que yo tengo: una nueva conciencia está llegando.

Queridos míos, quiero que continuéis uniendo estas piezas físicamente, en lo que veáis. Cómo dijimos, estos cambios afectan al Sol. La heliosfera del Sol cambia la rejilla magnética. Ahora, para que todo esto funcionara, el Sol tenía que estar *calmado*. Quiero que le preguntes a un astrónomo sobre el Sol y sus ciclos. Pregunta en qué período de resplandor está el Sol en este momento. El astrónomo te dirá que parece ser uno de los ciclos más calmados que jamás se han visto. Las erupciones solares y las manchas solares son perturbaciones en el campo multidimensional que rodea al sol y por lo tanto no podían estar ahí mientras las nuevas energías comenzaban a implementarse. Para que todo esto funcionara Sol tenía que estar lo más calmado posible y lo está. Este período de calma del Sol también está afectando el clima y te lo hemos dicho. Debido a esta calma, hay un ciclo climático que también predijimos [un tiempo frío está llegando] y que tiene mucho que ver con la energía que está llegando. Eso es físico. Pregúntale a un astrónomo, *"¿Estáis preocupados por esto?"* Algunos si y otros no. Pero está afectándote a ti y al planeta en este momento. Ahora ya sabes porqué fue cambiada la rejilla magnética cuando fue cambiada. Eso es física.

Lo esotérico de todo esto

Ahora, al mismo tiempo que todo este cambio físico [magnético] estaba ocurriendo, te dimos información esotérica sobre los *nodos y nulos* Pleyadianos. ¿Será posible que los propios Pleyadianos, habiendo estado aquí al comienzo y sabiendo que este cambio llegaría, hayan ayudado con las profecías [influenciado los calendarios y las profecías de la Antigüedad]? Ciertamente esto es verdad pero a los indígenas les parecía que esto era "intuición de los ancestros". Los nodos y nulos dejados por los Pleyadianos son motores de vía rápida que están afectando las rejillas del planeta. La conciencia está relacionada con las rejillas del planeta, ¿recuerdas? Pero no solo la Rejilla Magnética estuvo involucrada. También la Rejilla Cristalina [la memoria emocional Humana] y la rejilla de Gaia – todas ellas. Todas están siendo trabajadas actualmente junto con la nueva energía evolutiva del Sol. Estas rejillas están siendo alimentadas, si así quieres llamarlo, por los nodos y los nulos. ¿Qué está haciendo todo esto? ¿Cuál es el fondo de todo esto? La respuesta: esta confluencia de energías cambiantes, están todas afectando directamente una cosa – tu ADN.

La evolución del ADN está llegando

El ADN del Ser Humano está listo para tener un giro y cambiar. Nunca lo verás en el microscopio porque no es algo químico; es física. Escucha por un momento, porque tú ya has visto cómo funciona. El 90 por ciento del ADN, que hasta ahora era considerado basura, es ahora entendido por tu ciencia. La ciencia ahora comprende que este 90 por ciento es información – un manual – un panel de control para los genes. Pero lo que realmente contiene, o cómo le da la información a los genes, es todavía un misterio. Lo que no se reconoce todavía es que es mediante una transmisión multidimensional. Para la mayoría de biólogos esto es difícil de creer, pero de hecho hay algo cuántico en tu ADN y esto también ha sido visto científicamente (experimentos de Gariaev and Poponin con ADN).[1]

---

1 http://www.bibliotecapleyades.net/ciencia/ciencia_genetica04.htm

Este 90 por ciento de ADN es como trillones de antenas en tu cuerpo, listas para recibir información y reescribir el manual a través de los cambios en tus rejillas. El ADN va a recibir información y va cambiar. Esto va a afectar la genética. Las madres lo recibirán primero y lo pasarán a sus hijos. Madres, no sabéis que lo tenéis y sin embargo ya estáis pasándolo a vuestros hijos. ¿Conocéis los libros de mi socio de hace 10 años, acerca de los "Niños Índigo"? Estos niños son precursores de la nueva energía. ¡Los niños son diferentes! Comenzó antes de 2012 – mucho antes, dado que los potenciales de lograrlo eran muy altos y lo habéos hecho. ¿Madres con nietos, tengo que preguntaros si vuestros nietos son diferentes? ¡Muy diferentes!

Los cambios en los niños son primero

Un niño humano llega al planeta pero lo que ocurre hoy en día es diferente de cuando tú naciste. Estás en un nuevo lugar en el espacio, el Sol está calmado, tienes a los nodos y los nulos dándole nueva información a las rejillas y por lo tanto el paradigma de conciencia es diferente para ellos de lo que fue para ti. Sus células génesis, esas de "cómo funciona un humano", están cambiando.

Comenzarán a funcionar cosas que son muy diferentes con relación a la naturaleza humana estándar. El yo intuitivo, la barrera entre el Innato y la conciencia, comenzará a mejorar. La barrera comenzará a disminuir. Prepáraos para niños con una intuición muy aguda sobre lo que no funciona bien en ellos.

¡Si ellos te dicen que algo anda mal, llévalos al médico! No les digas, *"Es tu imaginación, cariño,"* o *"Te sentirás mejor más tarde; son cosas del crecimiento"*. ¿Escuchaste eso? Hay algunos que necesitan escuchar esto en este momento, porque los hijos están diciendo, *"Me siento raro; algo anda mal"*. Las madres, estándo acostumbradas a criar hijos, también están acostumbradas a un paradigma de la vieja energía que tiene una cierta *plantilla de la salud*. Esto está cambiando. Los niños están comenzando a despertar y a ser intuitivos sobre su propia salud. El puente al Innato todavía no está construido pero en ellos está más cercano y están *sintiendo* algo. El Innato les está hablando por primera vez. Escucha, tú no lo tienes pero ellos sí. Escúchalos.

El Akasha del niño está comenzando a hacerse más transparente. Estos niños van a comenzar a decirte muchas cosas con respecto a quienes han sido y lo que han hecho. Si eres un padre o una madre y estás escuchando esto ahora, te digo que lo peor que puedes hacer es reprimirlo. Lo mejor que puedes hacer es decirle al niño la verdad absoluta, la verdad absoluta: *"Te creo"*. Al niño le ayuda que tú digas las cosas en voz alta. Es verdadero y el niño así lo entenderá. Escucha, padre o madre: en estas cosas debes ser un aliado de tus niños y eso cambiará tu relación con ellos. Sé honesto con ellos en todo. Diles que no todos lo entenderán y que por eso es mejor a veces guardar silencio al respecto. Estas son instrucciones para niños en la Nueva Era. Estos atributos van a intensificarse y tus instrucciones tendrán sentido.

El instinto va a funcionar mejor de lo que lo ha hecho antes. El instinto no es algo a lo que estáis muy acostumbrados como humanos. Lo veis más que todo en los animales porque la descendencia de los animales tiene un fuerte instinto de supervivencia. ¡Es tan bueno que ellos pueden caminar a las pocas horas de haber nacido! Tú no tienes eso. Sin embargo, este instinto está comenzando a hacerse más fuerte en los humanos y especialmente el que llega con el Akasha. Es químico y también esotérico [genético y akáshico]. Deberías tenerlo tal como lo tienen los animales y lo tendrás. Vas a ver niños que recuerdan como caminar y como comer mucho más tempranamente, sin entrenamiento. Será más rápido que lo que dice el viejo paradigma y que aquello que los médicos que saben del desarrollo infantil hayan visto. Será algo "fuera de escala". Prepáraos para esto; es instinto. Es simplemente química. Es el ADN trabajando mejor.

Si observas al ADN de la célula, podrías preguntar qué está ocurriendo. La verdad es que el ADN está volviéndose más informado o más "habilitado", como dicen algunos. Hay una palabra de moda en la creencia esotérica, llamada *activación*. Por favor no la cambies pero debes saber que no es precisa. Tú no estás activando algo. En cambio, estás liberando el ADN de una prisión. Si tienes a alguien que está inválido en una silla, incapaz de moverse y de repente es liberado de este "cautiverio" y sus dedos se desenredan y sus manos comienzan a funcionar de nuevo, es porque algo ha ocurrido con el ADN. No es algo que le haya ocurrido a la mano o al músculo o a los dedos o al brazo, sino al ADN. Es una *liberación*. Quiero que sostengas esta visión. ¡Todos los cambios de los que te he hablado se tratan de la liberación de prisión de un ADN inválido! Y – prepárate – le ocurre a todo el ADN del cuerpo al mismo tiempo. Es una "experiencia de todo el cuerpo", no una local, del brazo o de la mano.

Tu ADN está inválido en esta vieja energía y fue tu propio libre albedrío el que creó esto. Tu ADN, la duración de tu vida [envejecimiento], tus enfermedades estaban dirigidos hacia donde querías llevar la energía de este planeta y tu ADN cooperó. Has vivido con esto hasta ahora y está cambiando. No es activación del ADN, es liberación del ADN. ¡Liberación!

La profundidad de todo esto: ¿te das cuenta de la ayuda que tienes? ¿Pensaste por un momento que en todo esto ibas a ser solo *tú* haciendo estas cosas? Esto involucra a la galaxia, a esa parte del espacio en la que estás ahora, a los nodos y los nulos y al Creador del Universo. Involucra a los Pleyadianos, involucra tu cronograma e involucra al amor. Todo esto para que puedas estar en una nueva energía y liberes las ataduras de tu ADN. Ahora, queridos míos, Almas Antiguas, hay algo que debéis saber. No tenéis que esperar a renacer para esto. El Alma Antigua está equipada en su interior para esto tal como el recién nacido.

Las plantillas del ADN

Tu ADN está lleno de información y de plantillas. Las plantillas son patrones y paradigmas de vida. La mayoría de plantillas que tienes no están completas. Ahora, lo que no sabes sobre una plantilla es que tiene lo que llamaríamos un patrón propio. Si tienes un pedazo de una plantilla, o sea un *pedazo del diseño,* éste atrae hacia sí el resto del diseño, si puede hacerlo. ¿Comprendes esto? Si tienes un pedazo de la imagen, ese pedazo tiene una actitud – una actitud de deseo – que desea el resto de la imagen. Tan pronto como sea posible obtener eso que falta, es como el magnetismo. Literalmente vuela hacia sí mismo y encaja en su sitio y tienes toda la imagen. Todos vosotros tenéis pedazos de la plantilla y quienes tienen las piezas que están más "listas" para encajar, son las Almas Antiguas [las que están leyendo esto]. ¡Tu experiencia terrenal ha estado esperando esto! Vas a completar las plantillas que están incompletas, Alma Antigua.

Las células génesis : la plantilla inicial

Este término que estoy utilizando en este mensaje es un término de Kryon, no un término médico. Es posible que haya un término médico similar[1], pero éste es diferente. Una de las plantillas que siempre existe y que nunca se va es parte del *manual humano.* No es tan lineal como en esta explicación pero

---

1 NDE el término médico que ha sido validado después para este tipo de celulas es, en inglés VSEL (very small embryonic like cells) que se podría traducir por "muy pequeñas células parecidas a las embrionarias".

funcionará. Piénsalo de esta manera: quiero que pienses en el *manual del nacimiento*. ¿Cuándo viniste, cómo era el manual? ¿En qué página del manual estabas cuándo tenías cinco días de edad? ¿En qué página estabas cuándo tenías seis meses? ¿En qué página estabas cuándo tenías treinta años? Todos sabéis que todas las páginas son diferentes debido a la cronología del crecimiento.

Las páginas todavía están ahí y la plantilla de lo que yo llamo células génesis todavía está ahí. Las células génesis, como yo las defino, son las células de un recién nacido que aceleran el crecimiento y el aprendizaje de una manera especial. El niño absorbe mucho del mundo a su alrededor en seis meses. Esto incluye el habla, el lenguaje, el comenzar a ponerse de pie y a caminar y mucho más. ¡Las antenas del "manual génesis" son tan grandes! Están escuchando las actitudes y la conciencia de todo lo que hay a su alrededor. Tú ya sabes esto. Esto está activo en el recién nacido, luego se va haciendo más lento y te conviertes en un adulto. Las células génesis son mágicas. Se utilizan al comienzo y luego dejan de utilizarse, pero siempre están ahí y nunca se van. La plantilla todavía está ahí y el conjunto de instrucciones para crearlas, si así quieres llamarlo, todavía está ahí. Todo esto es física, porque la química de todo este funcionamiento es física. Lo que debes saber de los niños de hoy en día es que las *antenas* son hasta 10 veces más largas que las que tuviste.

Ahora, Alma Antigua, ¿qué tal si te dijera qué puedes liberar estas células ahora y activarlas para ti? Podrían estar disponibles para ti ahora, tan solo ve y obtenlas del manual. Hazlo con afirmaciones, con un cambio de conciencia, con meditación. ¡De la manera que sea que te comunicas con el Innato, él está listo para liberar las células génesis de su prisión temporal para que sean utilizadas de nuevo! ¡Lo que esto significa es tienes una vía rápida para crecer hacia la iluminación! ¡Ellas que trabajan con el Akasha!

Es para cualquier situación que puedas tener. ¡No lo limites a lo que tú *crees* que necesitas! Pregunta siempre, "¿Querido Espíritu, qué necesito?" Enuncia, *"Querido Espíritu, esto y algo mejor".* ¡Utiliza este potencial! Las células génesis están listas para el Alma Antigua. Yo sigo diciendo A*lma Antigua,* ¿lo has notado? En otras palabras, un número de vidas te da la información de la plantilla que no tendría un alma novata que tan solo ha estado en la Tierra unas pocas veces. Las Almas Antiguas han tenido cientos de vidas, quizás miles, para poder desarrollar experiencia y la plantilla del conocimiento. Cada uno de vosotros en esta sala puede decirse a sí mismo, *"yo sé que he estado aquí antes"* y tu Innato vibrará con la verdad de esto. ¡Tú sabes demasiado! ¡Tú sientes demasiado! ¡Estás en esta sala escuchando la canalización! Este mensaje es correcto y es verdadero. Tú eres un Alma Antigua. Todo lo que acabo de decirte es sobre el realzamiento del Ser Humano en una energía que esperabas.

Yo cierro con esto: el secreto para explotar tu Akasha, o liberar la plantilla, es tener una conciencia compasiva. ¿Te sorprende esto? Eso es lo que siempre ha estado faltando. Si vas a explotar tu Akasha [traer aquí aquellas cosas que has aprendido en el pasado] y a comenzar a reescribir quién eres, vas a tener que hacer un acuerdo de compasión contigo mismo. ¿Qué tal estás haciéndolo en lo que respecta a no tener ira, cuidar e interesarte por los otros y la pureza de Dios dentro de ti? La física de la conciencia que crea compasión, crea lo que yo he llamado *acción compasiva.* Esto es para todos los que están en esta sala y para los que están leyendo. Un Alma Antigua sabe cómo hacer esto. Escúchame: yo sé quién eres. No estarías escuchando o leyendo esto si no fueras un Alma Antigua. Lo eres y sabes que lo eres. La compasión es la reina de todas las emociones en este momento en el planeta. Va a conducirte hacia un estado evolucionado de amor. Sin compasión y sin que te importen los demás, nada funcionará.

Lentamente va a comenzar a darse una escisión de la conciencia en el planeta y te hemos hablado de esto antes. Habrá aquellos que son compasivos y aquellos que no lo son y ¡va a ser obvio, tan obvio! Aquellos a quienes les importan los demás y aquellos a quienes no. Hay un ejército oscuro en este momento en el planeta. ¿Cuál es su "factor de compasión"? ¿Comprendes? Es un estado mental de libre albedrío y esa es la división que está llegando. No te preocupes por esto, tú que eres compasivo. Cuando tomas los atributos de la maestría, la luz te rodea. No tienes que esconderte más en una fortaleza, ni protegerte de la oscuridad. Ella se retirará de ti automáticamente. No contraerás las enfermedades del momento pues por tu compasión ellas no podrán tocarte. Esto es física; es real y es física y está sucediendo ahora. Tu sociedad reflejará esto más pronto de lo que piensas. Cuando escuches las noticias y creas que estoy loco, tan solo espera. Hay algunos comodines que están por llegar. ¡La benevolencia es una nueva energía!

Yo soy Kryon, enamorado de la humanidad. Y así es. *Kryon*

LA VERDAD ES LO QUE TU HACES DE ELLA
KRYON Y LOS JUDÍOS

En la página 87 hay una referencia a Internet, relacionada con la excelente ciencia de los doctores Dr. Vladimir Poponin and Dr. Peter Gariaev. Muestra que de hecho el ADN puede tener un campo o un componente multidimensional. Me gusta incluir enlaces a ciencia con calidad cuando es posible, para realzar la validez de lo que Kryon está diciendo. Estos hombres también han sido referenciados por algunos de mis amigos que son autores en temas metafísicos.

Sin embargo, siempre me sorprendo por el hecho de que una ciencia de calidad no es aceptable por muchos cuando es mencionada en un libro metafísico de canalización. A continuación la entrada de un blog anónimo ("prof 77") prologando otra página de ciencia relacionada a estos dos científicos:

Nota: desafortunadamente una supuesta entidad "angelical" 'Kryon' canalizada a través del trance citó este artículo (1 agosto de 2015). Yo estoy de acuerdo con el artículo. Sin embargo, no le doy el beneplácito ni me asocio con Kryon de ninguna manera. De hecho, siento que Kryon es un racista que trata de dividirnos los unos contra los otros. Específicamente Kryon dice que una raza es superior a todas las otras: "El mensaje de Kryon es que los judíos son un grupo especial entre los Humanos, "un grupo kármico puro", el pueblo elegido." (Fuente: https://en.wikipedia.org/wiki/Lee_Carroll). Lo siento. Ahora continuemos con el artículo...

Aunque este blog es anónimo, siento que puede ser de algún asociado de estos científicos, o de un profesor de esta ciencia, puesto que parece haber un sentimiento de "propiedad" de la ciencia que se menciona en este blog. También noten la referencia a Wikipedia. ¡Por favor! ¡Wikipedia es información imprecisa y no puede ser cambiada ¡ni siquiera por la persona de la cual Wikipedia está hablando! La página de Wikipedia sobre Kryon, Lee Carroll y los Niños Índigo está llena de información completamente incorrecta y engañosa. Mis intentos para corregirla durante más de una década han sido infructuosos. Wikipedia está intencionalmente sesgada en muchos temas e incluso los profesores se niegan a utilizarla como información de corriente principal. Espero que no estéis en Wikipedia, porque lo que se le dice a millones de personas en la Tierra es exactamente lo que unos pocos quieren decir, no lo que es correcto o preciso – y no hay manera de que uno lo pueda corregir adecuadamente.

Estoy acostumbrado a que la gente no entienda la canalización, de hecho, ¡yo tampoco la entendía! Durante gran parte de mi vida me burlé de ella (refiriéndome a ella como "la franja de los lunáticos"), entonces no tengo problemas con el hecho de que alguien diga que Kryon es una farsa. Eso es estándar. Sin embargo, es interesante observar la reacción de las personas cuando Kryon habla de los judíos.

Yo he perdido amigos y seguidores simplemente debido a una frase utilizada por Kryon, sin que ellos hayan examinado lo que realmente Kryon quería decir. Parece que algunos tienen una reacción automática a ciertos temas y este parece ser uno de ellos. Escuchan una frase y cierran la puerta a cualquier información o explicación adicional que se haga. Esto dice mucho de los sentimientos de las personas y del tema de los judíos en el Medio Oriente – y de los sesgos de muchos, incluyendo a aquellos que deciden definir incorrectamente a Kryon en Wikipedia.

Kryon ha estado dando información sobre el linaje de los judíos durante más de veinte años. También nos dice de nuevo en este libro (Las canalizaciones de Israel) que los judíos son el "pueblo elegido". Cuando algunas personas escuchan esta frase o la leen, inmediatamente cierran el libro o dejan de venir a seminarios de Kryon o dicen que Kryon es un racista. Tristemente, todo lo anterior ha ocurrido sin que esas personas escuchen o lean lo que Kryon quiere decir con esa frase.

Vamos a establecer lo siguiente de nuevo: los judíos son el pueblo ESCOGIDO para *cumplir con una gran responsabilidad*.

Fueron ESCOGIDOS para dos cosas: (1) para traer el monoteísmo al planeta (lo cual hicieron) y (2) para traer paz al Medio Oriente (lo cual todavía está en progreso). Más que escogidos, se les dieron "tareas". ¡La idea de que Kryon vaya a elevar a un tipo de personas sobre otras es algo inimaginable! Cualquiera que haya estudiado las canalizaciones de Kryon sabe esto. Los judíos no fueron escogidos como un grupo elitista. ¡Difícilmente! El "puro linaje akáshico judío" del cual Kryon habla es simplemente un mecanismo espiritual para que su ADN no se diluya genéticamente a través de los miles de años. La razón es para que puedan lograr esa desafiante tarea para la cual están aquí: eventualmente solucionar el más grande rompecabezas relacionado con la paz que existe en el planeta – Paz en Israel. ¡Ellos fueron escogidos para trabajar en esto!

Kryon canalizó este mensaje en el Teatro Habima en Tel Aviv el 8 de octubre de 2015 a una audiencia que llenó el teatro – la mayoría eran Israelís.

¡Bendiciones a todos vosotros!

Lee Carroll

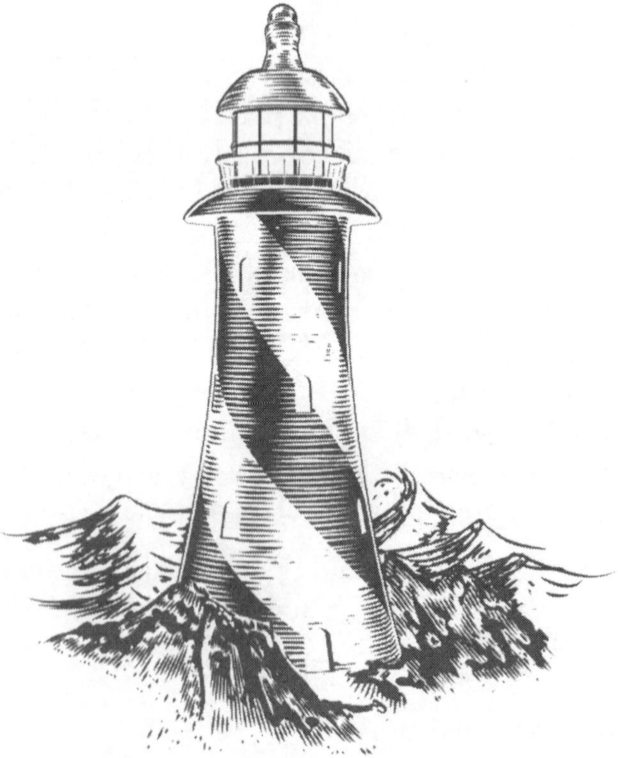

Capítulo Cinco

La Plantilla Oculta de la Juventud

Durante mucho tiempo la ciencia se ha preguntado si el cuerpo retiene esa huella original (la del momento de la concepción) que crea un Ser Humano a partir de un pequeño embrión. ¿Será posible que esta huella, de hecho existe todavía dentro de nosotros? Kryon dice que así es y que la ciencia encontrará esto pronto. Él incluso lo etiquetó en una canalización previa "La Célula Génesis". Sin embargo, ¿será que podemos usar esta "Plantilla de la Juventud" ahora? ¿Es esto demasiado raro para ser verdad? ¿Porqué existiría todavía? ¿Acaso el cuerpo no dejó ya de necesitarla? Kryon pregunta: ¿Cuándo construyes algo realmente excepcional, tiras acaso los planos? Incluso, si lo construyes solo una vez ¿te deshaces de los planes que lo hicieron posible? La respuesta es no. Hay muy buenas razones para guardar los planos del desarrollo Humano original. Esta canalización habla exactamente de una parte de esto: necesitamos reparar y rejuvenecer al Nuevo Humano en una nueva energía.

Lee Carroll

Capítulo Cinco
"La plantilla oculta de la juventud"
Canalización de Kryon en vivo
San Rafael California
12 de diciembre, 2015

Saludos, queridos míos, soy Kryon del Servicio Magnético. Mi socio, quiero que vayas lentamente y midas las palabras. Asegúrate de que la información es correcta a medida que va siendo dada. Esta es la penúltima canalización de 2015 y ya es tiempo de traeros más información para el futuro.

Algunos dirán que esta es una canalización científica, pero no lo es, realmente. Si estás escuchando más tarde o leyendo, entonces estás escuchando en el futuro, así es como lo ven quienes están ahora en la sala. Sin embargo, tú no piensas que está en el futuro porque para ti es el ahora. Para mí también es el ahora pero esta canalización realmente fue dada en tu pasado. Para la audiencia que está frente a mí, es el ahora. ¿Cómo te parece esto hasta ahora? ¿Cuál de los ahora es el verdadero? La respuesta es que todos lo son. Hablamos a muchos de vosotros por fuera del marco de tiempo que creéis es el vuestro, pero la información es para todos los ahora. Cuando escuchas una maravillosa música, cantada por alguien que ya falleció, o escrita por alguien que ya no está aquí, ¿disminuye eso acaso la música? NO. La música es para siempre y las emociones que se sienten al escucharla están siempre en el ahora.

Es posible que esta canalización sea presentada de nuevo más adelante, en algún otro encuentro del que vosotros no sabéis ahora con el fin de debatir sobre algo que apenas habráis descubierto (en el futuro próximo) o para validar aquello que sabéis ahora que es verdad. Sin embargo, cuando esta canalización fue dada, las cosas de las cuales se habló no estaban aún ahí. ¿Ya estás confundido? La de hoy es ese tipo de canalización. Mi socio siente escalofríos porque él sabe que esta información es hermosa y apropiada para su tiempo. Sabe que es deseada y que la humanidad quiere lo que está llegando ahora. Entonces va lentamente.

Quiero hablar sobre un descubrimiento. Es un descubrimiento que está por llegar y como muchos otros se va dando gradualmente y habrá otros descubrimientos que lo precederán. Antes de decir lo que es o como funciona, quiero daros algunas cosas en las que pensar. Pregunta: ¿será posible que exista una plantilla en tu ADN que tiene el secreto de tu juventud? Sería una plantilla que no es tan solo información almacenada en algún lugar, sino que en cambio es parte de la estructura molecular del ADN multidimensional que podría ser activada por ciertos procesos. Si eso sucediera, podría cambiar todo acerca del Ser Humano al cual pertenece. ¿Será posible que haya algo dentro de cada molécula de ADN que podría mantenerte vivo dos, tres o cuatro veces más de lo que vives ahora?

¿Hay acaso una plantilla en el momento del nacimiento – un diseño que puede volverse químico pero que ahora simplemente está ahí como un conjunto de instrucciones inactivas? Si es así, está fuera del alcance de tu pensamiento tridimensional sobre el ADN y su funcionamiento. Sería muy difícil justificar esta idea en el marco del pensamiento actual y debido a la manera como la ciencia ve estas cosas.

¿Qué piensas de los profetas que vivieron 900 años? Voy directo a eso. Quiero que respondas a esa pregunta dentro de ti. Adelante, si eres un científico o un escéptico, responde esta pregunta. ¿Tontería? ¿Acaso un error tipográfico en las escrituras? Fue reportado de muchas maneras y en muchos lugares y por fuentes diferentes: algunos de los personajes sobre quienes lees en las escrituras o en los libros de historia vivieron mucho más de lo que los otros Seres Humanos han vivido.

Número uno: ¿es de hecho posible? Y si es así, ¿cómo?

Número dos: ¿habría algún tipo de explicación espiritual para la ocurrencia de esto?

Número uno: estoy aquí en una silla, diciéndote que no solo es posible sino que sucedió en ciertos casos, con algunos Seres Humanos de la historia.

Número dos: sucedió solo en el género masculino y ellos vivieron largas vidas para la procreación de la raza y para promover su estado de conciencia. Es simple mecánica. La semilla masculina es fértil hasta el final de la vida. En las mujeres no es así y los óvulos tienen una química que se correlaciona con la edad. Era el hombre el que tenía que vivir una muy larga vida para pasar la semilla a través de muchos, muchos niños, a otras partes del planeta que estaban necesitadas de ese estado de conciencia. Ahora sabéis porqué.

Entonces, ¿cuál fue el proceso para lograr mantener vivos a estos hombres especiales durante tanto tiempo? ¿Cómo se hizo? Es sencillo: tenían la plantilla de la juventud activada. Estoy utilizando terminología que no es médica, no es científica pero es precisa y verdadera. Escuchad: actualmente hay terminología para esto – hay un nombre para esto, porque la ciencia de la biología lo sospecha y lo espera. La ciencia ha visto la "sombra" de esto durante años. Ellos saben que está ahí, pero no saben más.

Cuando en un Ser Humano ocurre la remisión espontánea o lo que algunos han llamado sanación espontánea, ¿qué sucede exactamente? No puedes estar ahí y negar que ha ocurrido, porque es muy real. ¿Lo crees? Tienes que creerlo porque la ciencia ya lo ha visto. Ha sido reportado y documentado. Entonces la gran pregunta es: ¿cómo funciona? Esto siempre ha sido el misterio de los tiempos.

Hay aquellos que creen que es la conciencia del individuo enfermo la que produce la remisión espontánea. Eso es correcto – totalmente correcto. Recordad eso. Por eso la llaman espontánea. No se esperaba ni había indicio de que iba a suceder. Esto significaría que tan solo a través de la conciencia y quizás incluso sin saberlo, había una activación de la plantilla. La curación era tan rápida y se daba de manera tan asombrosa que estaba más allá de lo que el conocimiento y la comprensión médicos podían identificar como algo posible.

Es casi como si el cuerpo se limpiara a si mismo de la enfermedad. ¡La eliminó e incluso retiró los marcadores que podrían indicar que la enfermedad estuvo ahí alguna vez! Esto significa que el rejuvenecimiento celular se aceleró mucho durante unos días o unas semanas para limpiar aquello que no debía estar ahí y eso salvó la vida del individuo.

La remisión espontánea y automática de una enfermedad es real y viene de un lugar de la biología que está presente en cada persona. La lógica Humana es a veces graciosa: hay aquellos que dicen, *"¡Ah, es el efecto placebo! Eso es todo lo que es."* Okay, ¿qué es el efecto placebo? El efecto placebo es la conciencia humana creando resultados de curación a través de la expectativa. ¡Eso es! En el efecto placebo, la conciencia rige la química del cuerpo y eso es exactamente lo que estamos diciéndote: una plena y completa expectativa de curación activa la plantilla. Con un ADN que está trabajando a tan solo el 30% de su capacidad (en la energía actual), el efecto placebo es tan solo una anomalía de un proceso mucho más grande de la Plantilla de la Juventud. Es algo que de hecho está haciéndose visible para que tú puedas creer que es posible.

Hablemos de ciencia un poquito. Hay un área de la física llamada física cuántica. Es el estudio de realidades alternas creadas por partículas en un campo cuántico. Hay algo llamado biología cuántica que se relaciona con esto. Es una disciplina científica real y la premisa es esta: la biología, que intrínsecamente tiene física, tiene también áreas cuánticas. Por lo tanto, la molécula de ADN en sí misma, o quizás cualquier otra molécula, debe tener algunos atributos cuánticos así como atributos tridimensionales. Ahora, por alguna razón, esto es polémico. ¡Se espera que haya atributos cuánticos en la física, pero hay una barrera cuando se habla de la biología! ¡Es como si la biología no tuviera física! De hecho, la biología es ante todo física. Porque la química depende de las mismas cosas de las que depende lo cuántico.

El giro de los electrones en los átomos que se unen para crear ciertas combinaciones en la química de la vida, es susceptible de ser afectado por un campo cuántico. De hecho, el efecto se observa más profundamente en una ciencia de la vida que en otra que no está basada en la vida. Pregunta: ¿qué han descubierto los biólogos cuánticos? Han descubierto que algunas energías cuánticas de hecho cambian el ADN de manera interesante. No saben porqué pero cuando se pone ADN en experimentos con energía cuántica, el giro de los electrones en el campo cuántico cambia. Escucha: olvida lo que dice la ciencia. Reconoce esto: ¡el ADN tiene atributos cuánticos! Punto. También los tiene la conciencia Humana. Conecta los puntos.

Doctores, permitidme que os hable : existe la sospecha de que en ciertas moléculas hay cosas que deberían poderse ver pero que hasta ahora son elusivas. Los resultados están en los experimentos pero vosotros no lográis ver, ni siquiera a través del microscopio electrónico qué es lo que "está haciendo el trabajo". Estáis diciendo que estas cosas deben existir porque de lo contrario el resultado de los experimentos no sería el que es, pero que son invisibles o que quizás no están donde vosotros esperáis que estén. La verdad es que son parcialmente cuánticas y que tienen algunos atributos multidimensionales. Esto significa que pueden moverse y cambiar de lugar de maneras extrañas, parecido a la luz.

Entonces no son invisibles, simplemente son ligeramente multidimensionales. Esto nos lleva a nuestra siguiente discusión: esta hermosa plantilla del cuerpo sobre la cual venimos hablando y que está en muchas moléculas, incluyendo el ADN, es visible solamente si es expuesta por otra fuerza multidimensional. Digámoslo de nuevo con diferentes palabras, mi socio: la energía de esa plantilla cuántica que se sospecha que existe en ciertas moléculas, se activará solamente cuando se expone a otras energías cuánticas. Punto. Esta es una premisa, queridos míos, que debéis estudiar. Se requieren energías cuánticas para activar, energizar y estudiar otras energías cuánticas. Solamente se "despertarán" cuando son expuestas a otras energías multidimensionales.

Entonces, si pudierais "verla", ¿cómo se vería? La respuesta no científica es esta: tendría patrones que parecerían racimos. Son patrones que quizás no reconozcáis porque no se han visto todavía en la biología tridimensional. Sin embargo, siempre habéis sospechado que están ahí. Llamémoslo lo que creéis que es: es el racimo de la juventud o el patrón de la Plantilla de la Juventud. Cuando se hacen ciertos experimentos, se hace visible por un momento y luego desaparece.

Algunos han aplicado magnetismo, como fuerza multidimensional para exponer la plantilla. El experimento es así: toman la mezcla química y la exponen a un campo magnético. Después la observan lo mejor que pueden en un microscopio electrónico. Buscan lo que sospechaban que estaba ahí y - oh sorpresa – ven una parte. ¡Ahí está! ¿Hace cuántos años os hablamos del magnetismo? ¿Hace cuántos años os dijimos que el magnetismo es necesario para la vida y que es una parte profunda de la biología? Sin embargo, solamente cuando creéis y utilicéis lo que llamamos magnetismo diseñado (campos magnéticos diseñados a medida), se revelará aquello que buscáis. Pero no se logrará con un imán corriente. Un imán no es suficiente. No es elegante. Es como la diferencia que hay entre el "sonido en el aire" y el "lenguaje en el aire". El lenguaje es "sonido elegante".

Entonces, ¿el descubrimiento? Váis a encontrar una mejor y más sofisticada energía cuántica que hará que las cosas cuánticas vibren de tal manera que se hagan visibles o se activen. El magnetismo califica como fuente, pero solo si es un campo magnético diseñado. Una fuerza multidimensional revelará los atributos de la plantilla. La plantilla en sí misma representa todo lo que es biológico en el cuerpo. Y la razón es porque es parte de la programación del ADN. La remisión espontánea es la plantilla siendo activada. En la mayoría de los casos esto lo ha hecho la conciencia del Humano. Es muerte o supervivencia y cada Humano tiene su proceso. Frecuentemente el proceso es el miedo y lo habéis visto una y otra vez. Sin embargo, ocasionalmente un Alma Antigua se enfrenta con esto y la plantilla entra fuertemente y logras ver aquello para lo que el cuerpo fue diseñado. Eso debería daros escalofríos, queridos míos.

El futuro

Una de las cosas que va a ocurrir en la biología es que aumentará el reconocimiento de que la estructura celular es en parte cuántica y comenzará a estudiarse la posibilidad de que en cada Ser Humano haya una fuerza vital multidimensional. Esto no es lo que está siendo estudiado hoy en día. Hoy en día solo se estudia la química y los resultados son obvios: la química (drogas) es la única respuesta de la medicina a los problemas del cuerpo. Si el cuerpo es un sistema químico, entonces los químicos lo repararán y lo sanarán. Esta era una buena lógica para los tiempos viejos, pero ahora las cosas están comenzando a cambiar. Si se la estimula apropiadamente, la Plantilla de la Juventud se mostrará a sí misma. En ese momento, las cosas comenzarán a cambiar para siempre en la medicina. El "Nuevo Humano" será aquel que la medicina ve como una máquina biológica cuántica y la energía – no la química – será la vía para toda la curación – ¡y la conciencia es energía!

Ahora, pasemos la página. Científicos, fue agradable teneros aquí. Pero ahora debéis dejar de leer porque vamos a hablar de cosas que os harán poner los ojos en blanco. Diréis, *"¡No puede ser así! No es así como funcionan las cosas"*. Pero sí es así y ahora revelaré lo que realmente es el Innato.

El Cuerpo Inteligente, ese que ha sido llamado Innato, controla totalmente la activación de la Plantilla de la Juventud. El Innato detecta las fuerzas multidimensionales cuando éstas son aplicadas y activa lo que debería activar. El Innato es totalmente responsable del éxito de la homeopatía. En ésta, un remedio en mínima cantidad como para tener una reacción química, se coloca debajo de la lengua. Éste da señales al Innato de lo que el Humano quiere y la sanación comienza. Entonces, tú podrías preguntar, *"¿Dónde está la fuerza y energía multidimensional en la homeopatía?"* Es interesante, no es así, que si el Humano no cree que la homeopatía funciona, los resultados frecuentemente son muy limitados. ¡La energía multidimensional es creer! Sociedades enteras en todo el planeta han creído en ella y la han estado utilizando durante siglos. El Cuerpo Inteligente también puede ser sometido a "pruebas de la actividad muscular" para buscar respuestas a preguntas biológicas para las cuales tu conciencia no tiene respuesta. Esta ciencia se llama quinesiología (kinesiología). El Innato es el Cuerpo Inteligente que no tiene una fuente biológica que tú puedas reconocer como fuente. El Innato NO viene de tu cerebro. El Innato no es una función cerebral.

El cerebro es un ordenador construido para la supervivencia y funciona muy bien. Cuando tú haces algo, el cerebro lo recuerda. Si te causas una herida con alguna acción, no quieres repetir esa acción. Tienes experiencias del pasado que te ayudan a sobrevivir minuto a minuto en el presente. La función de recordar está en tu cerebro y tu cerebro te da la percepción de tu existencia, la lógica, la dirección moral y es el centro de control de la mayoría de las funciones corporales. Es un gran órgano. La cosas creativas que tú haces (música, arte, escritura, espiritualidad) vienen de tu pineal. Te hemos dicho esto antes. La conciencia que va más allá del cerebro y la pineal constituyen la Triada (la cual hemos mencionado antes) y eso incluye al corazón.

¡El corazón es tan importante! De hecho, no solamente bombea sangre. Está involucrado en algunas de las cosas que los científicos creen que está haciendo el cerebro pero es realmente el corazón el que las hace. Hay aquellos que dirían, *"Kryon, sabemos científicamente que no hay funciones cerebrales en el corazón".* ¡Oh-pero sí las hay! Hay sinapsis en el corazón, si quieres buscarla, porque el corazón está conectado con todo el cuerpo de una manera que no ha sido reconocida por la ciencia de corriente principal. También hay mucho magnetismo en el corazón si quieres buscarlo. Es mucho más de lo que tú crees y hay todo tipo de cosas relacionadas con el corazón que son parecidas a las del cerebro. Sin embargo, el corazón no es el Innato. ¿Cómo funciona y que va a suceder?

En el pasado hemos hablado sobre el hecho de que el futuro de la humanidad está comenzando a cambiar. Este cambio es principalmente de la conciencia, pero dado que la conciencia es una experiencia de todo el cuerpo, involucra a los nuevos Humanos que están llegando. Entonces, se va a hacer aparente primero en los niños que están naciendo con un Innato mucho más avanzado. En otras palabras, se va a realzar la habilidad de unir aquello que experimentaste en tu vida pasada con lo que experimentas en ésta. ¡Lo que esto significa es que tú no cometes las mismas equivocaciones en la siguiente vida! Ese es un Innato realzado. ¿Todavía no te he dicho de dónde viene, o sí? Te lo diré.

Un niño se quema el dedo en una estufa y por el resto de su vida no vuelve a tocar una estufa. Esa es una gran función cerebral, ¿no es así? ¿Tuvo el Innato algo que ver con esto? ¡Sin duda! Ves, el Innato es el Cuerpo Inteligente que se pone de acuerdo con el cerebro. Todo está integrado. Ahora, escucha esto: esto es lo que el Innato va a hacer con un recién nacido: el recién nacido tampoco tocará una estufa caliente, porque recuerda, de su vida pasada, lo que se siente al hacerlo. Entonces, podrías decir que él trae eso del pasado y vamos a llamarlo instinto. Instinto es parecido a lo que tienen los animales – recuerdos heredados. No toques la estufa. Los Humanos van a comenzar a tener esto (finalmente) pero luego el instinto heredado termina y comienza el Innato.

El recién nacido también va a sentir intuitivamente las equivocaciones que cometió en su vida anterior, aquellas que le causaron angustia emocional, drama, miedo y disfunción – ¡y no volverá a equivocarse en lo mismo! El recién nacido llevará consigo la sabiduría obtenida en su vida pasada a partir de sus errores. Gran parte del "escenario de los errores" es físico y emocional. Entonces podrías decir que también se relaciona con el cerebro. Ciertamente, el Innato une todas estas cosas y ayuda al recién nacido a recordarlo todo de manera intuitiva y a pasarlo intacto hacia adelante.

Ahora, voy a contarte lo que es el Innato y esto generalmente es confuso porque tiendes a hacerlo lineal. No lograrás comprender cómo esto pasa de una vida a la otra porque no sabes cómo funcionan las cosas multidimensionales especialmente cuando tienen que ver con el alma. El Innato no es el alma, pero conoce al alma.

Hay una palabra hebrea que tiene muchos significados y algunos de estos son ahora espirituales. Pero básicamente, la palabra significa "cabalgar". Esa palabra hebrea es Merkabah. La palabra Merkabah fue popularizada porque fue utilizada en el relato de la ascensión del profeta Elías de la historia judía. Es una palabra que ahora también significa "campo espiritual del Ser Humano" o "Vehículo que lleva al Ser Humano". ¿Qué es y qué hace?

El campo Humano

El Merkabah es enorme. Tiene ocho metros de ancho y cada Ser Humano lo tiene. Esto es lo que es: el Merkabah es el campo multidimensional que rodea al Ser Humano. Es creado por cientos de trillones de moléculas de ADN idénticas que también tienen sus pequeños campos propios. Las moléculas de ADN son idénticas en todo el cuerpo y se combinan para crear un campo mucho más grande alrededor del cuerpo. El campo es un campo multidimensional que refleja el registro del ADN de las muchas facetas de tu cuerpo. Dentro de tu campo están los patrones de salud de tu cuerpo, tu energía akáshica, tu herencia química y por supuesto tus atributos espirituales y la energía de tu alma. Es el plan original de TI, ahora y en el pasado. Es este Merkabah el que es tu Innato. Tu ADN esotérico colectivamente es el Innato.

Todo el paquete

El ADN no puede ser visto molécula por molécula. No está separado de la totalidad. Piensa en ello: cada molécula de ADN es única e idéntica, entonces es TU. Es una esencia colectiva de TI. Déjame decirte algo: el ADN (Innato) "sabe" cuando hay una predisposición a morirse. No es una certeza programada, sino un producto potencial de tu lección de vida (y siempre puede cambiarse). Es el campo (Merkabah) a tu alrededor el que "entrega el espíritu", no el cerebro. Por supuesto si el corazón se detiene, nada continúa y llega la muerte. Si tu cuerpo sufre un gran trauma, la muerte llega. Sin embargo en otros casos, el momento en el que alguien muere es extremadamente complejo. A veces la ocurrencia de la muerte no tiene sentido y aquellos que lo han visto una y otra vez en los hospitales saben que hay algo más que está ocurriendo en el cuerpo.

¿Alguna vez has sabido de alguien que se muere de aflicción? ¿Qué función corporal causó esto? Si dices que fue el corazón, estarías en lo cierto pero es el corazón emocional – que está involucrado en la Triada, no el corazón biológico. Voy a presentarte algo que llamaré inteligencia de la muerte. Cuando el Innato ve que hacia adelante hay sufrimiento y que no hay esperanza, en lugar de continuar con más sufrimiento, da una orden para apagarse. Ese es el Innato. Ese es el Cuerpo Inteligente y ciertamente es muy inteligente.

Escucha: el mismo Innato va a regresar en la próxima vida porque está conectado con el alma y con la pineal y con todo lo que eres. Tu Merkabah tiene atributos de tu vida pasada así como los tiene tu alma. Es el mismo de la vez pasada. Tienes un Merkabah con patrones diferentes cada vez que estás en el planeta pero es el mismo que tuviste en la vida anterior. Ahora, ¡trata de entender esto! Como te lo mencioné antes, es difícil, porque es la mecánica de una realidad multidimensional. Las cosas espirituales son TODAS multidimensionales y es tan bello saber que tu esencia y quién tú eres, pasa a tu siguiente cuerpo una y otra vez. Ahora sabes cómo puedes sentir que eres un Alma Antigua. Tu Innato lo sabe.

Si pudieras encontrarte a ti mismo en una vida pasada y muchos lo han hecho, te reconocerías a ti mismo. Tienes diferentes rostros pero el mismo Merkabah, la misma alma, el mismo Innato. El Innato sabe todo sobre cada una de las vidas que has tenido. El Innato te conoce mejor de lo que tú te conoces a ti mismo y cuando comienzas a contactarte con el Innato comienzan a sucederte cosas. Esto incluye la habilidad de activar la Plantilla de la Juventud. ¿Estás escuchando? Va a suceder.

Una vida más larga está por delante

La humanidad va a comenzar a vivir más tiempo por un buen número de razones. Llegará el día en que la energía cuántica podrá ser utilizada para una asombrosa extensión de la vida y para curar. Será una activación artificial con otros campos cuánticos y el resultado será un rejuvenecimiento parcial. Esto hará eco a lo que se hacía en el Templo del Rejuvenecimiento en Lemuria. ¡Les dijimos que esto iba a regresar! Algunos dirán, *"¿Kryon yo pensé que lograríamos hacer esto por nosotros mismos? ¿Porqué tenemos que tener máquinas de rejuvenecimiento externas?"* Queridos míos por la misma razón que las necesitabais en Lemuria. No había "Almas Antiguas" en ese entonces y era como entrenar el ADN de aquellos que estaban ahí por primera vez para que pudieran rejuvenecerse y vivir más tiempo. En el futuro, no solo habrá Almas Antiguas en el planeta. ¡Difícilmente! Los que apenas están llegando y muchos otros que solo han tenido unas pocas vidas, no tendrán la experiencia espiritual ni terrenal para trabajar este rompecabezas por sí mismos. Habrá algunos que podrán y otros que no podrán activar la Plantilla de la Juventud. Esto debería tener sentido para ti. No todo es genérico y la estrategia de "la misma píldora para todos" que se utiliza en la medicina basada en la química, no funcionará. Es una aproximación lineal que os lleva a tantos problemas espirituales y morales hoy en día. "El mismo camino para todos." ¿Cómo les ha funcionado esto hasta ahora?

Para las Almas Antiguas que están leyendo, este es su legado: convertirse en Seres Humanos con un ADN que trabaja a una mayor eficiencia que la de ahora y ser capaces de activar la plantilla y vivir largas vidas. ¿Cuántas veces os hemos dicho esto? La conciencia del Ser Humano cuando está bien sintonizada, tomará los atributos de lo que habéis llamado los "Maestros del planeta". Viviréis mucho más tiempo. Ahora sabéis porqué los Maestros y los profetas vivían tanto tiempo. Tenían un Merkabah – un Innato – trabajando a un muy alto porcentaje de eficiencia. Y....eran humanos, iguales a ti. Conecta los puntos. Este es tu futuro.

Células madre – secretos que están escondidos

"Entonces, Kryon, ¿dónde encajan las células madre en todo esto?" [Kryon se ríe] Queridos míos, ¡ahí es donde están las plantillas! ¡Ahí es donde están las plantillas! Las que llaméis células madre están en cada una de las células del cuerpo. Las habéis buscado de una manera muy lineal pero lógica: tratasteis de sacarlas de los embriones puesto que son el comienzo de la vida. Después las encontrasteis en el cordón umbilical – la misma lógica. ¡Ahora

algunos científicos están diciendo que están en todas partes! Las células madre básicas son el plan original del cuerpo y la Plantilla de la Juventud está dentro de ellas.

El futuro está en el trabajo con las células madre porque ahí es donde está la plantilla. Está siendo investigado en todo el planeta pero todavía hay muchos que están obteniéndolas de fuentes externas. Llegará un día cuando utilizarás solo tus propias células madre en lugar de aquellas de otra fuente, porque son tus propias células las que tienen la plantilla que realmente quieres. Es la ÚNICA plantilla que traerá un completo rejuvenecimiento. Cuando llamas al teléfono de otra persona probablemente recibes información y obtienes resultados. Pero cuando llamas a tu propio número, obtienes….a TI MISMO.

¿Recuerdas la información dada antes? Las fuentes cuánticas son las que activan los procesos celulares cuánticos. Esta es la clave para la activación de la plantilla. Tu conciencia es cuántica y también lo son otras cosas que los investigadores están descubriendo.

Lo que está por llegar

Hay cosas que no esperabas y que están por llegar. *"¿Cuándo llegarán, Kryon?"* La respuesta es, sí. La verdadera respuesta es "Cuando les permitís llegar". Cuando haya suficiente luz en el planeta, cuando estos descubrimientos no sean utilizados para construir armas, en ese momento, llegarán. *"¿Cuándo será eso, Kryon?"*. Cuando llegaréis a crearlo, queridos míos.

En este momento estáis en una profunda energía transicional y en una lucha entre la luz y la oscuridad. Lo sabéis. Algunos dicen, *"Kryon, tu dibujas un cuadro demasiado simple de lo que está ocurriendo"*. No realmente. Actualmente es realmente básico: ¿escogeréis la esclavitud, el horror, el control, la guerra, el drama y la muerte como escenario de vida, o escogeréis una conciencia de compasión benevolente y de preocuparse los unos por los otros? ¿Permitirás que otros elijan lo que tú crees o escogerás un camino más elevado? ¿Aprenderá tu sociedad a tener una manera más elegante y compasiva de trabajar con el rompecabezas de cómo protegerse de las acciones de la conciencia baja [crimen], o no? Mirad las noticias. ¿Es eso elegante? Simplemente es luz básica y oscuridad.

Hay inventos que están por llegar y que harán que el trabajo de la policía sea más fácil para ambos lados. Habrá formas más humanitarias de controlar a aquellos que están fuera de control que jamás dañarán el cuerpo ni ocasionarán la muerte. Habrá sistemas para investigar a aquellos que tienen autoridad de tal manera que pueda saberse como "piensan" sobre los otros. Todo esto parece ciencia ficción ahora. Pero veréis esto de lo que estoy hablando ahora. ¿Qué creéis que sucederá cuando el Merkabah pueda ser visto y analizado? Esto es solo un indicio.

Cuando este tiempo de transición termine y la luz sea más predominante en este planeta, esto es, cuando la integridad comience a ganarle a la no-integridad, las cosas comenzarán a cambiar dramáticamente y con mucha rapidez. Lo verás en los negocios, en el gobierno y en como las personas se tratan unas a otras. Comenzarás a ver cambios en aquello que las personas aceptan y lo que no aceptan. Será la gente la que comenzará a cambiar los sistemas que no han cambiado por cientos de años.

Estas cosas están "en obra" en este momento. Algo de lo que hemos hablado ya ha sido descubierto. Puedo deciros esto porque Kryon no revela cosas que no han sido aún descubiertas. Primero tienen que haber sido descubiertas o pensadas por la humanidad y típicamente estarán en su infancia y tardará un largo tiempo antes de que sean refinadas. Deberíais saber que la plantilla ha sido vista.

Evolución inesperada

"¿Kryon, que es lo que la plantilla hará biológicamente?" La respuesta es, *"exactamente lo que tu pienses que hará"*. Eventualmente, el rejuvenecimiento celular será casi perfecto en todo el cuerpo. Este es el diseño de la plantilla. Los telómeros no se acortarán y el cuerpo no envejecerá. La muerte ocurrirá porque ha llegado el momento y no porque los sistemas dejen de funcionar. *"¡Kryon, esto va a crear problemas sociales! Esto no funcionará. ¡La explosión demográfica es exponencial! Hay demasiada gente en este momento y no hay suficiente alimento para todos. Es una locura eso que dices de vivir cientos de años"*.

¿Puedo decir esto una vez más? *"¡Oh, qué tridimensional por tu parte!"* Escucha eventualmente entenderéis que es lo que crea a los bebés y seréis más sabios al respecto. ¡Otros planetas lo han hecho e incluso los Antiguos lo hicieron! Un Akash más sabio crea un escenario de procreación más sabio. Observad que incluso ahora ya hay sociedades del primer mundo con una tasa de crecimiento de la población cercana a cero. El crecimiento de la población es exponencial porque la baja conciencia lo ha hecho así. No es una fórmula matemática sobre la cual no tenéis control.

También están a la mano varios descubrimientos relacionados con formas multidimensionales de crear alimento para el planeta. El alimento también contiene ADN – conecta los puntos. ¿Sabes lo que ocurre cuando expones las semillas a energías multidimensionales que son benevolentes? No es un organismo genéticamente manipulado. La planta lo acepta como una señal benevolente así como el Innato con su plantilla. ¿Crees que la fuerza vital de las plantas pueda tener algo parecido a lo que tú tienes? ¿Puedes imaginar cultivos y cosechas perfectas con una productividad cinco a seis veces más alta y sin utilizar pesticidas? ¡Qué concepto! ¿Será acaso posible que la conciencia Humana pueda incluso afectar a las plantas y a los animales? Los experimentos demuestran que puede ser así. Este es solo el comienzo.

Los he dejado vislumbrar un hermoso futuro. Muchos de los que os escuchan o leen esto dicen, *"Me encantaría que fuera vedad. Pero los Humanos siempre lo han estropeado todo"*. Querido mío si tienes una actitud que no espera mucho de los otros entonces los otros no te darán mucho. Así es como funciona la conciencia en el planeta y especialmente ahora. Tus expectativas son el timón en el bote de tu vida. Si esperas tormentas, ellas llegarán tal como lo ordenaste. Si esperas benevolencia y aunque no haya todavía un indicio de solución, estás de hecho creando la solución con tus expectativas. Esto es metafísica y es lo que muchos han estado aprendiendo durante años. ¡Entonces ahora es el tiempo de practicarlo!

Aquellos que están frente a mí escuchando esto ahora son Almas Antiguas. Todos están diciendo lo mismo: *"Oh, Kryon, nunca será demasiado pronto. Por favor, tengámoslo ya. Kryon, ¿cuándo, cuándo, cuándo?* Quiero que te calmes por un momento. Relájate. Todos vosotros estaréis ahí. ¡Todos! Recuerda, éste es tu futuro. Cuando lo estés experimentando es posible que te veas un poquito diferente, pero vas a estar allí. [Risa] ¡No te lo vas a perder!

Queridos míos, si estáis leyendo esto, son Almas Antiguas. No habéis terminado con vuestra experiencia en este planeta. Vais a estar en ese futuro, ¿me escucháis? Quiero que os preparéis para ello; quiero que lo celebréis; va a suceder. Quiero que veis la verdad que hay en esta canalización. Quiero que tu Innato me examine ahora. El Innato es un poderoso motor de discernimiento y te permitirá saber si estas cosas son verdaderas. Cuando sientas los escalofríos que dicen "sí", entonces únete a mí en la celebración de lo que está por llegar.

Y así es. *Kryon*

"Bendecido es el Ser Humano que siente que es parte de este cambio compasivo en el planeta. Porque está en control del futuro y por eso en esta sala se oyen congratulaciones y hay una fiesta."

Kryon

Capítulo Seis

ADN Conceptual

Una gran parte del potencial evolucionario de nuestro futuro es movernos de una conciencia lineal a una que piense más conceptualmente. Muchos han dicho que tenemos un ADN que está saliendo de la realidad 3D hacia un potencial multidimensional. ¿Qué significa esto? De nuevo, Kryon comenta como nuestro ADN no ha evolucionado a su completo potencial. De hecho, solo está «trabajando» a un tercio de su eficiencia. Eso explica porqué vamos a la guerra contínuamente y no aprendemos de ello. También explica porqué no hemos «descubierto» la elegancia de lo que realmente puede hacer el ADN por nosotros, como Seres Humanos. Nuestro ADN es "quienes somos y es único para cada uno de nosotros". Kryon dice que ahora tenemos el potencial de que nuestro ADN comience a evolucionar para reflejar la huella original. ¿El resultado? Continuad leyendo…

Lee Carroll

Capítulo Seis

"El ADN Conceptual"
Canalización en vivo de Kryon

Portland, Oregon
20 de Julio 2013

Saludos, queridos míos, soy Kryon del servicio magnético. Aquí hay una audiencia más grande de lo que creen. Uno de los atributos que hemos descrito antes es que nos presentamos ante aquellos, en grupo, que han dado la intención pura para escuchar. Vosotros - este grupo creará otra energía. En este caso en particular lo llamamos el *séquito de Kryon*. No identificamos esto frecuentemente, pero en este caso en particular está lleno de aquellos a quienes conocéis. El de esta noche será un mensaje congratulatorio, lleno de información celular y química que no podría haber sido dado antes de este año. Entonces aquellos del séquito que están llegando en este momento a esta sala son principalmente esotéricos – todos aquellos que participaron en vuestra vida – aquellos a quienes habéis amado y perdido. Esto incluye a vuestros padres y a los padres de ellos. Decimos esto porque también son Trabajadores de Luz en el otro lado del velo y conocían el potencial de que estuvierais aquí en este momento del Gran Cambio.

Todo este concepto es confuso para el pensamiento lineal del Ser Humano. Algunos han dicho, *"Bueno, en el ciclo de la vida, aquellos de quienes hablas probablemente ya encarnaron de nuevo y están ahora en el planeta viviendo otras vidas.* "En lo lineal, estaríais en lo correcto, pero queridos míos, un pedazo de vuestra alma nunca deja el otro lado del velo y esa es la parte que está hoy aquí. Entonces, los invitamos a ellos a este lugar en este momento y muchos los sentiréis mientras os aprietan con sus manos y su amor y os piden que escuchéis, escuchéis, escuchéis. El mensaje de hoy es muy profundo, es sobre la evolución del Ser Humano.

En el pasado os hemos dado información que ahora queremos clarificar y realzar para que tengáis cosas positivas hacia las cuales mirar en el futuro. Sin embargo, antes de comenzar con una nueva premisa, vamos a repasar lo que hemos descrito una y otra vez sobre lo que está ocurriendo con el Ser Humano. Necesitamos que sepáis que hay un precedente, puesto que hemos visto esto antes. Entonces conocemos los potenciales y la realidad de lo que decimos. Al mismo tiempo podemos deciros que no tenemos idea de cuándo vais a permitir que esto suceda.

La humanidad está pasando por un gran cambio de conciencia [después de 2012] y el tiempo requerido para esto depende completamente del libre albedrío. Esta transición en particular durará tanto como la hagáis durar. Todo depende de qué tan fuertemente lucha contra vosotros la parte oscura de la dualidad. La vieja energía del planeta peleará contra estos cambios, incluso hasta la muerte. Esto significa que es posible que toda una generación tenga que irse antes de que sucedan estas cosas.

Las viejas tradiciones y formas de hacer las cosas se demoran en desaparecer e incluso algunas veces se requiere lo que se ha visto en la historia de los Israelitas en el desierto – un período de cuarenta años durante el cual toda una generación tenía que irse antes de que la siguiente pudiera ser llevada a la tierra prometida. La razón? *No era posible llevar la conciencia de esclavos a la tierra prometida*. Una nueva generación que no hubiera sido esclava en Egipto, tenía que nacer y ser criada en una nueva energía – alimentada cada día – cuidada y amada. Esto para que ellos pudieran ir hacia las tierras en las cuales se establecerían. Eso no es solo una metáfora sino también un ejemplo de lo que están enfrentando ahora. ¿Cuánto tomará? No hablaremos de esto hoy.

ADN en proceso de cambio

Hoy nos referiremos a lo que va a ocurrir y a lo que ha ocurrido antes a aquellos que han pasado por lo que os enfrentais hoy en día. Establecemos la premisa y describimos lo que hemos dicho antes: vuestro ADN, en este momento como Ser Humano, está operando a aproximadamente un treinta o treinta y uno por ciento de su capacidad o eficiencia. Un cien por cien sería el "perfecto Humano" y eso es lo más alto a lo que puede llegar. Ese representa el ADN de los Maestros que caminaron por este planeta y que podían manipular la vida, la muerte y la física. Os hemos dicho que esta baja eficiencia actual se debe al libre albedrío que siempre habeis tenido, para crear la conciencia del planeta y de la sociedad. La conciencia de la humanidad está directamente ligada a lo que existe físicamente en el planeta, incluyendo el porcentaje de ADN del cual gozais. Por lo tanto, lo que pensáis es lo que creáis. A través de eones de tiempo, la humanidad ha estado en un treinta por ciento o algo parecido del funcionamiento del ADN.

Ahora, esto es lo que quiero decir que puede ser interesante: en septiembre 2012 se hizo un descubrimiento. La ciencia finalmente comprende lo que dijimos hace años: el noventa por ciento de vuestro ADN es *información,* no códigos químicos. El noventa por ciento del ADN es como un manual de instrucciones – el panel de control que modifica las partes que codifican las proteínas, que conforman los genes. Entonces ahora la ciencia ha validado que el noventa por ciento del ADN es el conjunto de instrucciones para el resto y eso es lo que os dijimos en 2010.

Ahora, esto es lo que quiero que tengáis muy, muy claro: dado que estáis operando tan solo al treinta por ciento, la mayoría pensará linealmente y dirá: *"Bueno, eso significa que vamos a comenzar a mejorar, la ciencia lo buscará en la química y lo encontrará"*. Voy a deciros esto: no, no va a ser así. Dejadme explicaros porqué.

La información que tenéis en vuestro ADN en este momento está cien por cien completa. El manual para el Humano perfecto está completo y almacenado en el ADN pero la conciencia de la humanidad tan solo permite que se esté utilizando un treinta por ciento. Entonces a pesar de que tengáis el cien por cien dentro, solo el treinta por ciento está "ocupado" en vuestra realidad. A medida que el ADN comienza a cambiar en el tiempo, a través de algunos de estos nuevos atributos de los cuales voy a hablaros esta noche, comenzará a captar y a utilizar más de las instrucciones que *ya están ahí*.

La prueba de esta noción de un ADN completo, son los así llamados milagros que ocurren en los Seres Humanos, algunas veces llamados *remisión espontánea*. De repente y sin comprender cómo, una persona se sana completamente a sí misma de la noche a la mañana – o la enfermedad simplemente desaparece. Queridos míos, todo lo que ha hecho es captar y utilizar por un momento en el tiempo ¡el cien por cien de su propio ADN! Entonces, lo que muchos atribuyen a "un milagro de Dios", es algo que hizo un Humano. De vez en cuando, un Ser Humano, mediante una anomalía de su propia creación, virará hacia un cien por cien durante un instante y entonces ocurrirá un "milagro". El Humano simplemente vio lo que estaba disponible y lo hizo. El llamado milagro, ¡de hecho es algo normal! Daros cuenta que generalmente esto ocurre en una situación de emergencia y que la conciencia es la que lo hace, no la química.

Yo quiero que cognicéis[1] y comprendéis algunos asuntos, a medida que os voy contando lo que va a suceder. Os hemos dado información en el pasado sobre lo que podéis esperar a partir de vuestro ADN en evolución. Pero casi toda la información que os hemos dado es sobre comunicación en el Akasha [registros de vidas pasadas]. Hemos dicho que el ADN va a comenzar a leer el Akasha de una manera diferente y que la *pared* que existe entre la muerte y la vida va a levantarse ligeramente. Y luego, cuando regreséis al planeta, comenzaréis a recordar lo que aprendistéis la vez anterior. Esto os servirá sobre todo a las Almas Antiguas, porque vais a despertar temprano en la vida y no tendréis que volver a vivir las lecciones que tuvistéis la última vez.

También os hemos dicho que siendo bebés, vais a comenzar a caminar más pronto, *recordaréis* como leer e incluso también que una estufa caliente es algo a lo que no se debe acercar. Tendréis instintos aumentados, así como los tienen los animales y el bebé humano no será tan indefenso como lo es ahora. Hemos denominado esto herencia akáshica o memoria akáshica.

Hemos extendido esto a las dietas. Os dijimos que algunos de vosotros estáis recibiendo información sobre dietas *espirituales*. Vuestras más profundas vidas pasadas, cuando vivisteis mucho tiempo en un lugar, tienen alimentos que ¡vuestro Akasha quiere ahora! Os hemos dicho que con frecuencia, la comida del lugar donde vivís actualmente va de hecho en contra de lo que vuestro Akasha desea hoy en día. Incluso es posible que esa comida *saludable* que hay en vuestro entorno, no concuerde con vosotros. ¡Algunos encontraréis alimentos de un tipo al cual nunca os

---

1   Cognizar: Tener conocimiento o ser plenamente consciente de

habéis sentidos atraídos! Sin embargo ahora en la nueva energía, el Akasha está tratando de mostrarse a sí mismo con extrañas preferencias de comida y ¡lo disfrutais! Es posible que pida carne o nada de carne o que requiera una manera diferente de pensar o de cocinar. Escuchad: no significa que sea algo espiritual. No existe una "dieta espiritual". ¡Algunas veces los atributos de tu pasado akáshico quieren carne! Eso tan solo significa que es un recuerdo akáshico de la salud de un cuerpo del pasado. Ahora en todo caso es memoria akáshica, ¿no es así?

Químicamente

Entonces ahora vayamos a lo que va a ocurrir químicamente con tu cuerpo al tener un porcentaje incrementado de la actividad de la *inteligencia* del ADN funcionando. Sin duda alguna, Inteligencia es la palabra y quiero hablar sobre la *inteligencia del cuerpo* que nosotros llamamos el *Innato*. Vais a acercaros a este "cuerpo inteligente". El velo entre la conciencia del cuerpo y el Innato comenzará a levantarse. Las cosas a las cuales tienes que hacer prueba muscular (kinesiología) hoy en día para encontrar algo, serán intuitivas el día de mañana. El velo entre el cuerpo físico y el Innato va a comenzar a hacerse más transparente y vais a comenzar a saber intuitivamente lo que está ocurriendo adentro. Esto tiene que ver con un ADN inteligente, un ADN que comienza a trabajar conceptualmente en lugar de reactivamente y que se hace menos lineal y un poco más cuántico [multidimensional].

Alimento

Algunos estáis gozando de lo que hemos llamado herencia akáshica y recuerdos de comidas pero con reservas. Esto se debe a que no vais a tolerar ciertos tipos de alimentos hacia los cuales queréis acercaros. La intolerancia es causada por un ADN que no es conceptual y que crea un cuerpo alérgico debido a tradiciones culturales y entonces hace que sigáis comiendo aquello a lo que estabais acostumbrados. Es tan solo una reacción a un alimento que no reconoce y eso de hecho es un instinto de supervivencia. Hace que sea un poquito disfuncional y es algo enigmático para muchos.

Los principios de una herencia akáshica que quiere un tipo diferente de comida, siendo al mismo tiempo alérgica a ella, no parecen ser coherentes. Pero si el ADN está comenzando a hacerse más inteligente, analizará lo que estás haciendo con tu Akasha y descartará aquellas cosas que crean intolerancia. Entonces de repente tendrás una química que es más lista acerca de lo que estás tratando de hacer. Lo que estoy diciendo es que algunos vais a encontrar en los próximos años que aquellas cosas de las cuales se les dijo que debían mantenerse alejados durante sus años tempranos, ¡de repente está bien comerlas ahora! Este es un ADN *inteligente*. *Sabe* que es posible que necesites esos "alimentos de vidas pasadas" para equilibrar mejor tu cuerpo. La vida será más fácil para tí si puedes comer estos alimentos sin ser intolerante a ellos. Este es el "ADN inteligente" que ahora es conceptual y sabe quién has sido en el pasado.

El Innato reajusta el sistema metabólico de aquello a lo cual se supone que tu cuerpo es alérgico. Esta mejora y eliminación de reacciones a alimentos de vidas pasada se puede dar debido a un ADN que está haciéndose más inteligente. El incremento en esta eficiencia significa unos puntos más en el porcentaje de operación y es un ADN *conceptual* y más inteligente que está más sintonizado con tu conciencia. Va a mostrarse de esta manera no solo aquí, sino también en el siguiente tema, el sistema inmune.

El sistema inmune

Tu sistema inmune hoy en día es bastante básico. Funciona pero es bastante ignorante. Apaga incendios. No pregunta cómo surgieron; no pregunta qué tan listos sois; simplemente los apaga. Eso es una metáfora para aquello que invade tu cuerpo y que hace que los glóbulos blancos de tu sangre corran a la escena y luchen contra ese fuego metafórico de desequilibrio o enfermedad. Muchas veces gana, tal como fue diseñado y ayuda a salvar tu vida casi a diario. Porque tu sistema inmune está preparado para luchar contra aquello que conoce y la más simple de las bacterias es mantenida a raya gracias a tu sistema inmune.

Algunas de las vacunas *originales* que has tenido han ayudado en este proceso y han creado una serie de *soldados* adicionales para luchar contra la enfermedad, pero esto todavía es un proceso muy lineal. El sistema inmune reconoce que hay un incendio y va y lo apaga. Pero queridos míos, eso no es suficiente para apagar el incendio llamado *cáncer*. ¿Porqué? Porque el cáncer es un invasor conceptual. Es un invasor con un plan y es astuto.

Algunos virus toman el control de las partes funcionales de las células y algunos incluso engañan al sistema inmune. En el caso del cáncer, hay crecimiento incontrolado que frecuentemente se disfraza o se fortifica – encapsulándose de tal manera que los glóbulos blancos no pueden verlo o si lo hacen, no pueden siquiera llegar hasta él. Es como un incendio dentro de una burbuja impenetrable y arde fuera de control y crece y crece y crece. Algunas veces, un virus conceptual (incluyendo al cáncer), se "cura" en un lugar para luego reagruparse y moverse a otro lugar. Es astuto y tiene un plan.

Si el sistema inmune fuera conceptual, vería el cáncer por lo que es – y lo que está haciendo – y apagaría el incendio. Si el sistema inmune fuera lo suficientemente inteligente como para ser conceptual, vería el *plan* del virus y comenzaría a atacarlo de una manera más astuta.

Ahora, toda esta inteligencia reside actualmente en las instrucciones que hay en cada molécula del ADN de tu cuerpo. Hay trillones de ellas y son únicas para cada uno de vosotros. Para que esta evolución ocurra, el ADN en sí mismo va a tener que volverse un poquito más multidimensional y vamos a hablar al respecto. Mientras permanezca en el estado lineal en el cual está ahora y en la química 3D a la cual estás acostumbrado, no vas a ver gran mejoría. Pero a medida que se vuelve un poquito más multidimensional y recoge las instrucciones que ahora puede *ver*, estará listo para "ser más inteligente" que cualquier virus conceptual. Esa es una promesa. Utiliza tu lógica espiritual. ¿Crees que la criatura más evolucionada del planeta, supuestamente tiene un sistema inmune tan ignorante como para que unos simples virus puedan exterminar civilizaciones enteras? ¿Te suena esto correcto? ¿Si tú fueras el Creador, incorporarías una debilidad así?

Esta evolución representa a un Ser Humano convirtiéndose en una criatura completamente diferente. Una que quizás no reconocerías si regresaras en un par de cientos de años, o si tuvieras una máquina del tiempo para ir hacia adelante. Verás las diferencias. Uno es lineal, el otro no. Los Humanos serán mucho más saludables y vivirán mucho más tiempo en el futuro.

El resfriado común

"*Oh, esas son buenas noticias Kryon. ¡Me encanta! Eso significa que por fin vamos a poder curar el resfriado común.*" Bueno, desafortunadamente no es así. Esta no es información profunda y ya deberías saberlo. El resfriado es un mecanismo de recalibración para equilibrarte. Lo necesitas y es necesario y todos continuaréis teniendo resfriados. Si tienes demasiado, tu cuerpo está diciéndote que está un poquito desequilibrado y que trata de recalibrarse. Pero por lo general, solo tienes un resfriado una o dos veces al año y eso es un buen equilibrio.

El resfriado común recalibra tu sistema – no solamente un sistema. Desarrolla anticuerpos para cierto tipo de cosas, anticuerpos nuevos y listos para ir a trabajar y tú los necesitas. Es irritante pero no te mata y no tiene que convertirse en algo grave. Sin embargo, siempre estará ahí. Es parte de un sistema equilibrado.

El reloj biológico

Lo que más te va a gustar es la recalibración de tu reloj biológico. Estás funcionando al treinta por ciento y vives cierta cantidad de años. ¿Tengo que hacerte un dibujo? Estás diseñado para vivir mucho más tiempo. Ahora, en tres dimensiones, los biólogos inteligentes buscarán lo que ellos creen que es la causa del envejecimiento y en 3D están en lo correcto. Porque con una eficiencia del treinta por ciento, el ADN acorta los telómeros con cada división celular. El cromosoma comienza a cambiar hacia algo que es menos de lo que era en el momento del nacimiento. Entonces ya no tienes una unidad nueva y completa. En cambio, está envejeciendo. Es la copia de una copia. Envejeces. Los biólogos creen que este acortamiento es el problema; sin embargo éste es solo el resultado de un mayor problema. Tú no estás trabajando a plena eficiencia.

Ahora, te hemos dicho en el pasado que en el conjunto de instrucciones del ADN están los planos originales de cada tipo de célula del cuerpo. Hemos utilizado el término "planos" como una metáfora que representa los planos del diseñador. Estos planos originales existen en ti ahora y representan una célula nueva, fresca, perfecta – la que estaba contigo cuando naciste.

Sin embargo, no están siendo utilizados y tu sistema continúa haciendo copias en lugar de originales.

Sin embargo, a medida que tu cuerpo comienza a incrementar su eficiencia, habrá un nuevo tipo de paradigma de regeneración. El sistema se volverá más inteligente y lentamente comenzará a utilizar las instrucciones para hacer una nueva molécula en lugar de una copia. ¡Tu regeneración será mucho mejor! El resultado es una reducción de la velocidad del proceso de envejecimiento. Es una desaceleración que tú puedes ver y aquellos a tu alrededor lo mencionarán y tus vecinos y tus seres queridos lo verán también. No estás envejeciendo tan rápidamente como ellos lo hacen. ¿Cómo te parece esto? ¿Te gusta?

Ahora, esto puede ocurrir solo si esa parte de tu ADN que era lineal, se vuelve un poquito más multidimensional y ahora vamos a hablar sobre esto.

¿ADN Multidimensional?

¿Entonces parece, no es así, que el fundamento de todo este cambio está comenzando a sacarte del paradigma de un sistema químico tridimensional? Tu sistema actual es solamente reactivo. Un químico reacciona a otro y crea algo más. Esto incluye también la sinapsis [pensar] y por lo tanto tienes actualmente lo que podríamos llamar "el punto intelectual más elevado del cerebro". ¿Qué tan *elevado* puedes pensar? ¿Hay acaso un límite? No nos referimos a cosas lineales sino más bien a cosas conceptuales. En este momento hay un límite.

La molécula de ADN no es una partícula cuántica – difícilmente. Tampoco va a volverse multidimensional y a desaparecer en un agujero de gusano. Pero sí se ha demostrado que la molécula de ADN tiene sutiles propiedades multidimensionales. Esto ha sido aceptado hasta el punto de que hay una rama entera de científicos biólogos llamados "biólogos cuánticos". La idea de un ADN que está comenzando a tener algunas propiedades adicionales que sobrepasan la tercera y cuarta dimensión no es tan nueva.

Mi socio les ha dicho que la numerología tibetana antigua enseña que la humanidad tan solo ha identificado hasta el número 33 en ese sistema. Ese es un número maestro con una definición específica pero el siguiente número maestro, 44, es un misterio y no tiene definición hasta ahora. De hecho, ningún número maestro por encima del 33 tiene una definición. Si observáis los números maestros del 11 al 99 (son nueve números maestros), os daréis cuenta que un ADN trabajando al 30% es el mismo tipo de escenario de los números maestros identificados que solo llegan hasta el 33. En otras palabras, ni siquiera estáis a mitad del camino. Entonces como ejemplo de sinapsis en el cerebro, esa parte que está en 3D parece estar funcionando bien. La parte multidimensional es la que debe comprender los conceptos de la numerología del 44 y 55 – todo está relacionado. Yo estoy aquí para decir que después de 2013, eso va a comenzar a ocurrir con la humanidad – sabiduría más elevada y conceptos nunca *vistos* antes. El techo de cómo puede pensar el Humano más allá de la linealidad va a elevarse.

Ahora, ¿cómo va a suceder esto y qué se requiere? Eso es lo que ya estás haciendo, Alma Antigua. Estás aquí escuchando este tipo de mensajes debido a esto y en este momento estas cosas parecen académicas. Sin embargo, están en proceso de darse. No podemos decirte cuándo van a ocurrir pero búscalas – aquí están – están llegando. Quizás saldrás de este lugar y dirás, *"Me encanta esta información, pero me gustaría que ocurriera ya mismo"*. ¿Te ayuda si te digo que lo verás todo? Cuando lo hagas es posible que no tengas la apariencia que tienes ahora [Kryon se ríe], pero estarás aquí. Estarás aquí porque eso es lo que hacen las Almas Antiguas. ¡Vienen una y otra vez para participar de la victoria!

Las cápsulas de tiempo en el ADN

Quiero contarles acerca de las cápsulas de tiempo en el ADN. En el conjunto de instrucciones que no son visibles para la ciencia, hay algo escondido en el ADN llamado *cápsulas de tiempo*. Son emisiones de lo que llamaremos "habilitaciones" y son desencadenadas por la conciencia Humana. Son *cápsulas de tiempo* porque están siendo emitidas en el "momento correcto". Muchos dirían, "*¿Qué? ¿El ADN está conectado con la conciencia Humana?*" Sí, esto es lo que hemos venido diciendo todo el tiempo. ¿Porqué quieres separar la conciencia de tu química? Ya sabes que puedes cambiar tu salud mediante un pensamiento positivo. Entonces, ¿cómo crees que funciona eso? ¡Tu química está escuchando!

Para hacer las cosas aún más confusas, todo esto está ligado a lo que se llama la *conciencia de Gaia* que es la única medición que hay de la conciencia planetaria. Toda la humanidad tiene que cambiar tan solo un poquito para liberar las cápsulas de tiempo en el ADN personal. Es difícil, si no imposible, que tú hagas esto por ti solo. Este cambio recibes una señal de la Rejilla Cristalina del planeta. Esta es la rejilla que recuerda la acción Humana y que responde a la emoción Humana. Por lo tanto, Gaia está involucrada en todas estas cosas. ¿Comienzas ahora a darte cuenta de porqué Gaia, o la naturaleza, era tan importante para los indígenas y los Antiguos? Sin embargo, recuerda que Gaia ya ha comenzado a cambiar. Estoy aquí para trabajar con la rejilla – Gaia. Para prepararos para una conciencia más elevada. ¿Comprendes la conexión? Entonces, ¿qué hay en las cápsulas de tiempo? Es el "resto de lo que deberían haber tenido" y que faltaba, debido a una conciencia de nivel bajo. Deberías saber que la completa maestría está ahí en tu ADN, tan solo esperando ser liberada, cuando estés listo.

Aquí estamos de nuevo con un enigma: ¿qué llegó primero, la energía de Gaia o la energía Humana? A medida que los Humanos cambian su conciencia personal y su intención, a medida que se vuelven más compasivos, Gaia cambia. Ya lo ha hecho. ¿No es acaso interesante lo que los Antiguos decían sobre la profecía del Águila *y el Cóndor*? Las profecías no eran sobre la humanidad sino más bien sobre el planeta. ¿Comprendes? Decían que la sabiduría del planeta se movería de un sitio a otro. La profecía dice que si la humanidad pasaba el 2012, se necesitaría que la Kundalini del planeta se moviera. Algunos lo llamaron *"El viaje de la serpiente emplumada"*, o *"El despertar del puma"*. No estaban hablando del ADN sino de Gaia, porque es el vínculo contigo. Entonces, la respuesta al enigma de arriba es *ambas*. No es un proceso lineal. Es interactivo y uno afecta al otro.

Este cambio en Gaia es lo que se está iniciando y ya está comenzando a realzar el ADN Humano. Yo vine a alterar la rejilla magnética cuando fue aparente que pasaríais el marcador de 2012. La rejilla magnética es parte de Gaia. Afectó a la Rejilla Cristalina y ésta está relacionada con la conciencia Humana. Incluso la ciencia de hoy en día está comenzando a observar esta relación. La rejilla magnética reacciona a la conciencia masiva de la humanidad.

Observad a vuestros niños porque ellos son diferentes a los de las generaciones pasadas. ¿Abuelos, son tus nietos diferentes de cómo fueron tus hijos? ¡Absolutamente! Esta nueva generación de niños está comenzando a tener más pensamiento conceptual y la propia sinapsis de su cerebro está comenzando a cambiar. Están viendo mejores maneras de hacer las cosas y sus conexiones neurales son diferentes. Su ADN está trabajando mejor de lo que hace el vuestro, en lo conceptual. Entonces, su tarea es continuar desarrollando la compasión que está curando al planeta de la enfermedad de la guerra. Este *Efecto Gaia* está curando al planeta de aquellas cosas que no encajan con la integridad. Es la Pachamama, la Madre Tierra y el comienzo de la procreación de la sabiduría en el planeta. Estos cambios van a comenzar a traer un mejor entendimiento y un aumento de sabiduría que comenzará a resolver los enigmas o rompecabezas de la vida. Gaia cambia, la Rejilla Cristalina cambia, vosotros cambiáis y eso es luego transmitido a vuestros niños de una forma tal que no habéis pensado hasta ahora.

Un nuevo tipo de herencia

Las siguientes son buenas noticias que deberías saber: el *sistema de la vida* está comenzando a cambiar aún más. Cuando las cápsulas de tiempo se liberan en tu ADN, algunas veces mediante un nuevo nacimiento y otras a través de la intención del Alma Antigua, hay un factor de mayor sabiduría en tu conciencia. Esto tiene un efecto en tu ADN, el cual comienza a funcionar mejor. Como dijimos arriba, no envejecerás tan rápidamente. Vas a verlo en tu propio ADN y muchos de vosotros sabréis lo que está ocurriendo, al ver que tus compañeros envejecen mucho más rápido que tú.

Las cápsulas de tiempo que son liberadas, las nuevas habilitaciones de ese conjunto de información al que se llamaba el "ADN basura – 90 por ciento" ¡se mantendrán habilitadas y serán heredadas! Por lo tanto, tu descendencia no tendrá que reaprender la sabiduría o la compasión que tú estás aprendiendo ahora. Como utilizarán en el planeta la herencia de tu ADN, también la pasarán a su descendencia. ¡Un nuevo tipo de herencia! Incluso podrías llamarla *herencia cuántica*. Esta es realmente una vía rápida hacia una sociedad iluminada.

Si no hubiera dualidad en el planeta, hubieras tenido un ADN funcionando más elevadamente en tan solo cinco generaciones. Hoy en día estarías funcionando al cincuenta por ciento del total para el cual estás habilitado porque uno de los instintos avanzados del Ser Humano es volverse más conceptual y utilizar esto para la supervivencia de un pensamiento elevado. Pero la dualidad retarda esto puesto que debes tomar decisiones que contienen atributos tanto de luz como de oscuridad. Mientras esté presente la vieja dualidad, ésta tiende a restringir el crecimiento, lo cual a su vez impide que las cápsulas de tiempo se abran. Por lo tanto, la vieja dualidad debe cambiar. De hecho, está cambiando mucho (como lo hemos canalizado antes). Lo que es interesante es que la dualidad también responde a la intención consciente y entonces, tu batalla contra la oscuridad será el resultado de lo que tú esperas. Está volviéndose muy inmediato, queridos míos.

Este tiempo desde 2012 ha sido difícil para muchos de vosotros. Alma Antigua, si tú entendieras porqué ha sido tan duro y pudieras comprender todo su impacto y profundidad, ¡irías a casa y harías una fiesta! Allí, os congratularíais a vosotros mismos por haber hecho lo impensable – crear las semillas de un planeta que ascenderá. Habéis estado trabajando en este rompecabezas por mucho tiempo.

Lentamente, habéis creado, sembrado y cultivado las semillas que llevarán a una civilización en la Tierra que no tendrá guerra. Oh, nunca os llevaréis completamente bien, pero la solución no será matarse unos a otros en la guerra. Esa es una solución disfuncional que tan solo ha traído más guerra. Este potencial de "no guerra" es el que nosotros vemos, incluso hoy. Si miráis a las sociedades de hace unas generaciones, las primeras soluciones para los problemas mundiales entrar en guerra. Solo el más grande y poderoso ganaría. Actualmente, esto es lo último que haríais y llegará un día en que simplemente no sucederá más. ¿Podéis imaginar una reasignación de fondos para la sociedad cuando ya no haya más armas de destrucción masiva? Está en tu futuro.

No busques esto en los eventos actuales. Obsérvalo en el lento cambio generacional.

Imagina una cápsula de tiempo que está siendo liberada y que cambia el "qué tan elevado puedes pensar". Imagina que tu ADN puede transmitir mejor un campo cuántico alrededor de su propia estructura celular y volver inteligente al sistema inmune generando una unión entre el cerebro consciente y el Innato. Todavía no hay un nombre para este efecto. ¡Oh, pero lo habrá! Los científicos observarán el cambio y lo etiquetarán. Cuando esto comience a suceder, recordaréis esta canalización, queridos míos. Quizás hasta os reiréis de que mi socio no tuviera todavía un nombre para este efecto, pero entonces lo tendréis. Esto se debe a que es parte de la evolución Humana y los sociólogos lo comprenderán, se lo apropiarán y le darán un nombre.

¿Comprendéis porqué es ésta una celebración? ¿Comprendéis porqué el séquito que está en esta sala y que ha estado aquí desde que comenzamos, está aplaudiendo? ¿Comprendéis que no era posible daros este mensaje en 2012? No así. Porque ahora yo ya puedo deciros lo que está ocurriendo, pero antes de 2012 era solo un potencial. *"Kryon, ¿quieres decir que ahora es más que un potencial?"* Sí. Hoy en día es mucho más que un potencial y puedo deciros esto porque actualmente hay algunos Humanos cuyo porcentaje de eficiencia del ADN es mucho más del treinta por ciento. Los llamaré *prodigios cuánticos*. Son niños que van a vivir más tiempo y no cogerán muchas enfermedades y estudiándolos bajo el microscopio no se va a ver nada diferente.

Algún día, cuando tengáis esa invención cuántica de la cual os hemos hablado antes, vais a ver "el campo". Algunos de vosotros han entendido este mensaje y otros no. Para aquellos que no han entendido, voy a decir esto: ten paciencia con el amor de Dios y comprende que la revelación frecuentemente es un proceso lento.

Para aquellos que han entendido, lo resumiré y diré, "Bendecido es el Ser Humano que siente que es parte de este cambio compasivo en el planeta. Porque tiene el control del futuro y es por eso que hay congratulaciones alrededor y una fiesta en esta sala".

Hace veinte años, cuando primero vine a vosotros, estas cosas eran tan solo potenciales pero hoy en día son realidad. No os diría estas cosas si no fueran precisas y verdaderas. También comprendo, querido Ser Humano, que eres muy impaciente y que lo quieres pronto. Pronto será "ahora" y estarás aquí para participar de todo ello.

Y así es.   *Kryon*

"Qué tal si tu Memoria Akáshica comenzara a saber lo que es bueno para tí en lugar de darte una ráfaga de cosas para corregir o cosas que debes "atravesar" que son ultra-dramáticas? Este es un nuevo paradigma que supone un rol más elegante para el Akash."

Kryon

Kryon

Capítulo siete

Conciencia Conceptual

Siete días después de la canalización sobre el ADN conceptual, Kryon dio tres nuevas ideas sobre cómo nuestra conciencia va a comenzar a cambiar para el Nuevo Humano. El cambio es de lineal a conceptual y esto puede afectar nuestro pensamiento futuro. Este mensaje es más difícil de comprender puesto que se trata de cosas que no estamos viendo todavía. Cuando no hay un marco de referencia en nuestra vida actual, es más difícil imaginar cosas que todavía no han sido concebidas. La canalización habla de conciencia akáshica e incluso de razonamiento futuro. Esto es realmente futurista pero está lleno de promesa para todos.

Lee Carroll

Capítulo siete

"Conciencia Conceptual"

Canalización en vivo de Kryon

Kansas City, Missouri

27 de Julio 2013

Saludos queridos míos, soy Kryon del Servicio Magnético. Seguramente os dais cuenta que mi socio no parece *prepararse* para la canalización. En una vieja energía era necesario prepararse para lo que le ocurre al cuerpo Humano durante el trance. Frecuentemente, tenía que ser precedida por una purificación y había que respirar equilibradamente así como utilizar otras técnicas para purificar ciertas partes del cerebro. Esto daba el oxígeno necesario para poder decirle al cuerpo lo que iba a ocurrir y prepararlo para una experiencia multidimensional. Veis que mi socio no hace esto.

La experiencia de la canalización

Hay mucho que han dicho, *"Bueno, se requiere que el Ser Humano tome una cierta actitud y que se eleven ciertas frecuencias, utilizando la meditación y tonalidades, para que pueda canalizar. Esta es la manera lógica de hacerlo y así ha sido hecho a lo largo de la historia."* ¡Estáis en lo correcto! Pero tampoco veis que él haga eso. Esto llevaría a algunos a decir, "¡Él no lo está haciendo bien!". Otros dirán, "¡Él no lo está haciendo!" (Por lo tanto él no está canalizando). Después utilizan esto como evidencia de que la canalización no es real. Lo decimos de nuevo: ¿qué dice tu propio discernimiento, no el de otros, sobre esto?

Estás comenzando a ver grandes cambios en todos los procesos esotéricos y metafísicos y mi socio está muy consciente de ellos. Hace cuatro años (2009) él hizo un gran cambio: le pregunté si *estaba listo para el siguiente nivel de vibración*. Se sorprendió puesto que sentía que la canalización iba bien. Yo le dije que simplemente estaba poniendo a Kryon en una caja y la abría con la llave cuando se sentaba en la silla. Estaba linearizando al Espíritu, como lo hacen muchos en el planeta. En lugar de desplazarse a un edificio en un día determinado, o de vestirse con ropa bonita y rezar o arrodillarse, estaba haciendo lo mismo activando a Kryon solo cuando estaba *en la silla*. No estaba ahí cuando él estaba andando por ahí en su vida normal. Él había creado "Kryon en Una Caja".

Su primer desafío fue éste: *"¿qué más hay?"* Fue ahí cuando le pregunté si él sentía que los Maestros que caminaron por la Tierra tenían a *Dios en una caja,* o si más bien llevaban dentro de ellos, todo el tiempo, los elementos de la Fuente Creadora. No le tomó mucho tiempo decir *"Sí"* a la fusión y ahora comprende perfectamente. Ese es el paso del que estamos hablando hoy. Es un paso que está disponible para todos y es un bello regalo en la nueva energía. ¡Es para todos! Y es especialmente bueno para los sanadores y los lectores y para aquellos que están trabajando directamente con otros. Es una fusión de TI con tu Yo Superior, de tal manera que no tienes que "preparar" tu cuerpo para hacer algo que ya está ahí, listo para arrancar. Esto es lo nuevo y es de lo que queremos hablar el día de hoy. ¿Será posible, que a medida que evolucionas en esta nueva energía, hay partes tuyas que literalmente "cobran vida" en este momento? ¿Partes que quizás han estado ahí todo el tiempo pero sobre las cuales había un velo en la vieja energía? Queridos míos, ¡el Humano está diseñado para comunicarse con el Creador! El Ser Humano está diseñado para descubrir a DIOS ¡DENTRO DE ÉL!

La fusión

La fusión comienza a cambiar la manera como piensas y cómo actúas. Comienza a cambiar la manera como envejeces y ¡tantas otras cosas en las cuales no has pensado! Ese es tu futuro. Entonces, esta canalización en particular, para el grupo que está aquí esta noche y para aquellos que quieren escuchar ahora (sitio web de audios de Kryon), tiene que ver de nuevo con los cambios que están llegando para el Ser Humano. Es una extensión de la información de cómo los Humanos están cambiando y evolucionando.

La naturaleza Humana te mantiene en una fuerte dualidad y tú ni siquiera te das cuenta. También estás en una caja espiritual. Pretende por un momento: vas en camino a una reunión espiritual. ¿Qué está ocurriendo en tu conciencia? Algunas personas son críticas y están quejándose justo hasta antes de que comienza la meditación. Después son humildes y espirituales. Luego, durante el receso, la temperatura les parece inadecuada, el café no está bueno y quisieran que hubiera más de esto o de lo otro. Su actitud es de decepción y quejumbrosa. Después regresan a la reunión y de nuevo son espirituales. Bienvenidos a la "dualidad escondida" de la cual muchos no se dan cuenta. ¿Ves el extraño desequilibrio de esto?

Incluso hay aquellos aquí, que están escuchando y leyendo, que no entienden completamente este concepto. ¿Cuántos Maestros caminaron por ahí, con una actitud quejumbrosa? La fusión es lo que tiende el puente sobre la brecha de la dualidad y crea un Humano que ve un mundo muy diferente. No tienes que trabajar mucho con la paciencia puesto que es auto evidente, en una conciencia que está relajada con las cosas de la Tierra.

Refinando un concepto

Antes de que nos adentremos más en esto, quiero hacer una pausa. Quiero refinar un concepto para ti, de lo que está ocurriendo en este momento. ¿Dónde está mi socio? ¿Está en la silla o no está? La respuesta es sí, absolutamente, él está en la silla. ¿Dónde está la conciencia de mi socio mientras yo canalizo a través de él? En una vieja energía muchos dirían, *"Bueno, él tuvo que irse al armario para alejarse de todo, porque en este momento hay una posesión de su cuerpo"*. Sin embargo, eso no es verdad. ¿Quieren saber dónde está él? Él está aquí, frente a ustedes. Estoy utilizando todo lo que él tiene para entregar este mensaje. Todo lo que él tiene corporalmente, está en este momento lleno de mí y esa es la diferencia, queridos míos. No es que oprimas un interruptor y te vuelvas alguien más y te lleguen mensajes del otro lado que no son parte de tu conciencia. Él todavía está aquí, disfrutando de la fusión. Y también está en otro lugar, como lo ha descrito antes. Pero NOSOTROS estamos trabajando juntos.

Entonces, la fusión ocurrió y varios han notado una diferencia en él; porque ahora, mientras camina por ahí, piensa diferente; ve ahora a las personas de una manera diferente y lo sabe. No lo esperaba. Esto le ha dado una percepción diferente acerca de cómo pueden ser las cosas en áreas sobre las cuáles no tiene conocimiento alguno. Esto es de lo que queremos hablar y es difícil porque tiene minucia académica y es complicado de comprender. Algunas veces no se traduce fácilmente a tu lenguaje lineal, pero utilizamos el intelecto de mi socio y su habilidad para formarse una idea de lo que yo estoy dando y su habilidad para traducirlo con precisión, sin filtros, de la mejor manera que pueda hacerlo.

Un corto repaso

Las Almas Antiguas son las más propensas a escuchar esta información. Las Almas Antiguas son las más propensas a estar en las sillas frente a mí y no importa que tan viejas son físicamente. Algunas de las almas más antiguas del planeta tienen hoy en día menos de veinte años. Tienen que serlo, queridos míos, tienen que serlo. Esa tradición que dice que son los mayores de su grupo los que tienen la mejor información ya no es verdadera. Respeta a los ancianos por su conocimiento y experiencia en este planeta. Tendrán la sabiduría de los tiempos y representarán a los Antiguos como nadie puede hacerlo. Eso es parte de lo que queremos hablar.

Comencemos con un breve resumen de lo que estábamos hablando en la última canalización, cuando salió el tema de la evolución espiritual de la humanidad. Para cubrir este tema apropiadamente, debemos repasar: el ADN Humano está operando con un porcentaje de eficiencia ligeramente mayor al treinta por ciento. Entonces, todo lo que está dentro de ti y que hace que seas TÚ, está operando a menos de la mitad de aquello para lo que fuistes diseñado.

Esta condición es algo que desarrollaste a lo largo de eones de libre albedrío, con una dualidad que tú creaste. Desarrollaste el equilibrio entre la luz y la oscuridad en tu propia conciencia (llamado dualidad). Elegiste qué tan bien puedes pensar y qué tanto tus sociedades van a absorber la idea de que el pensamiento compasivo puede sanar el planeta. Tú eliges si eres de mente elevada, o medianamente elevada o de mente de nivel bajo. Este es el atributo de libre albedrío del planeta. Esta es la prueba y siempre lo ha sido. Es una prueba de la energía y del equilibrio entre la conciencia de luz y de oscuridad. Es la prueba básica y principal y es la que ahora está cambiando en el planeta.

Conciencia conceptual

Queridos míos, estáis avanzando tan profundamente y evolucionando tan rápidamente, tal como os hemos dicho en el pasado, que estáis comenzando a ver en este momento en vuestras sociedades, el crecimiento de la inteligencia Humana y de la compasión. También vais a verlo a nivel corporal, porque cuando el ADN comience a trabajar a una mayor eficiencia, va a ser obvio. Os hemos dado otras canalizaciones que también podeis estudiar como referencia. La última fue titulada "ADN Conceptual". En ella, hablamos de un Ser Humano corporal que va más allá de lo que llamaríamos *reacción inmune lineal.* La reacción inmune lineal es cuando los glóbulos blancos ven un problema, van hacia él y lo combaten. Eso es bastante básico pero también es *astuto,* en términos de hasta dónde llega ese proceso químico. El asunto es que tal vez no sea suficiente para resolver el problema, porque está más allá de la habilidad de los glóbulos blancos de *percibir el concepto del invasor.*

Los virus parecen ser notoriamente inteligentes porque parecen tener un plan. En cambio, los glóbulos blancos solo saben detectar, combatir y defender. Ellos no ven el panorama más grande. Las células blancas no saben nada sobre el cáncer – ¡cómo opera o cómo sus células pueden ser inmunes a la mayoría de las células de defensa! Entonces, el ADN conceptual se vuelve "ADN inteligente" involucrando sistemas corporales que *conocen* conceptos. Crea un Ser Humano que puede combatir cualquier virus y cualquier enfermedad porque tiene un sistema inmune que es tan inteligente como cualquier invasor. Es conceptual. Esta es una evolución del Ser Humano más allá del treinta por ciento, acercándose al treinta y cinco y cuarenta por ciento.

El ejemplo

¿Cuántos Maestros conoces en el planeta que hayan muerto de un virus? La mayoría murieron a manos de otros Seres Humanos.

Los Maestros del planeta tenían un ADN que operaba mucho mejor que el tuyo. Algunos tenían la habilidad de crear o de alterar las cosas físicas y de alterar la materia tan solo con la conciencia. La mente del Ser Humano puede manipular la física y así fue diseñado. Ahora se sabe que la conciencia puede alterar la manera como se comporta la luz y ¡que la conciencia masiva (planetaria) puede de hecho alterar la fuerza de la rejilla magnética! (Iniciativa de la Conciencia Global). Entonces, se da por hecho en ciertos círculos científicos que la conciencia es un "jugador" en el campo de la energía.

¿Qué piensas de la remisión espontánea? ¿Qué es? ¿Cómo funciona? ¿Requiere de influencia externa o es creada internamente? La respuesta es esta: en la remisión espontánea, estás viendo el ADN de un Humano trabajando cerca del cien por cien, por tan solo un momento. Cuando esto ocurre, es inexplicable y milagroso para ti, pero puedes ver los resultados claramente, reconocerlos e incluso documentarlos. El Humano puede limpiarse a sí mismo casi de cualquier enfermedad ¡casi de la noche a la mañana! Ese fue el repaso.

Los potenciales de lo que sigue

Quiero que mi socio vaya despacio aquí porque recientemente ha habido canalizaciones en las cuales le di información pero él no tuvo palabras para explicarla. Cuando no hay definición o nomenclatura para lo que él debe decir, tiene que *dar vueltas* para poder traducir los nuevos conceptos. Incluso, algunas veces tiene que inventar palabras o frases para lograr transmitir lo que queremos decir. Queridos míos, estamos dándoos esta canalización en honor a los potenciales que están por llegar. Queremos que sepais que habéis hecho algo especial en este planeta. Queremos que reconozcais que, durante un período de tiempo, la humanidad ha tenido el potencial de cambiar para llegar a Seres Humanos estupendos, mucho más de lo que jamás han visto. Este concepto es opuesto a todo lo que os han enseñado. Es contrario a algunos de vuestros sistemas de creencias que dicen que nacisteis indignos de merecer y que Dios os ha juzgado como tal. Es contrario a lo que la gente ha dicho sobre el futuro del planeta. Está grabada en vosotros la idea de que no vais a lograrlo. Vais a tener que sobreponeros a eso y es parte del Nuevo Humano.

Tengo tres conceptos para ti, que realmente dan continuidad al concepto principal de la evolución del ADN Humano. Sin embargo, en lugar de llamar esa canalización "ADN Conceptual II", será titulada, *"Conciencia Conceptual"*. Debes comprender que tu ADN es responsable de la sinapsis de tu proceso de pensamiento y de las instrucciones para el funcionamiento del cerebro. El modelo de cómo cognizas las cosas y de cómo trabajais el uno con el otro, está en el ADN. Tu ADN no piensa por ti, sino que más bien establece el constructo de cómo funcionan todas las cosas juntas. ¿Puedes entender que el modelo está cambiando? Si es así, ¿puede incluir más instrucciones esotéricas y multidimensionales? Hablemos de algunas cosas esotéricas que ya están presentes en tu cuerpo, para poder explicarte el concepto de que mucho de ellas ya están en su lugar.

Hemos mencionado en el pasado, que una parte de tu cuerpo se llama "Innato". Lo habéis llamado el "Cuerpo inteligente" y es esa parte a la que haces pruebas musculares para buscar información (kinesiología). El Innato está comenzando a fundirse con la conciencia común, a nivel tridimensional. Esto significa que eventualmente, podrás tener una mejor idea de lo que está ocurriendo en tu cuerpo a nivel celular. Esto va a llegar. ¿No tiene acaso sentido que éste sea uno de los pasos evolutivos? Sin embargo, hay una profunda relación que es muy esotérica y que no necesariamente está en tu mente en este momento. Se trata del Akasha.

Memoria Akáshica conceptual

El primer atributo de la evolución del cual vamos a hablar, vamos a llamarlo *Memoria Akáshica Conceptual*. Démosle una mirada al Registro akáshico que está en tu ADN y a su funcionamiento.

¿Cuántos de vosotros están conscientes de sus vidas pasadas? La respuesta será, "no muchos". Tú estás aquí en una actitud crédula, sabiendo que eres un Alma Antigua, pero no puedes identificar, necesariamente, tus vidas pasadas, o sacar aquellas que son más importantes o dramáticas. En este momento, la memoria akáshica en tu estructura celular no es muy inteligente. Lo único que te da, es eso que *sobresale* emocionalmente por ser dramático. Para los trabajadores de la luz, esto frecuentemente trae un sentimiento de *falta de autoestima*. Alma Antigua, frecuentemente estos son los sentimientos de tus muchas batallas perdidas con la vieja energía. Entonces, estás aquí sentado en una audiencia (también aquellos que están leyendo y escuchando), con muchos otros con quienes tienes algo en común (falta de autoestima) y esto es algo de lo que hemos hablado en el pasado.

¿Y porqué es que, aparentemente, solo las situaciones dramáticas del pasado salen a flote en la realidad de hoy en día? ¿La razón? Es porque hay una memoria lineal en tu Akasha que solo permite que las cosas negativas sobresalgan. ¿Y qué pasa con las partes buenas? ¿Qué hay de esas muchas celebraciones y cosas jubilosas del pasado? Ellas son rechazadas y dejadas atrás por las partes dramáticas. La razón es porque el equilibrio oscuridad/luz era más pesado en el pasado de lo que es hoy en día.

Tú tienes la tendencia a recordar y soñar sobre aquellas vidas pasadas cuyos problemas crean bloqueos en tu vida actual. Muchas veces, tus experiencias fueron tan profundas en una vida pasada, que todavía hay un residuo contigo de esa misma experiencia.

Conciencia conceptual

Estos problemas hacen parte de aquello con lo que un especialista de vidas pasadas puede ayudarte.

Ahora, considera por un momento que así es como funciona esto con un ADN desempeñándose a tan solo un treinta por ciento de su eficiencia (hablando de cómo el ADN no está funcionando a su pleno potencial). ¿Qué tal si el Akasha y el Innato comienzan a trabajar juntos para crear algo más conceptual? Una evolución en el ADN hará justamente esto. ¿Qué tal si tu Memoria Akáshica comenzara a saber lo que es bueno para ti, en lugar de simplemente darte una ráfaga de cosas para corregir o de cosas ultra dramáticas por las cuales "debes pasar"?

Este es un nuevo paradigma e involucra un rol más elegante del Akasha. En lugar de entregarte vieja energía dramática, el Akasha comienza a ver al Ser Humano como una parte del planeta en evolución espiritual y comienza a darte las cosas que deberías *recordar* y que van a ayudarte a avanzar en tu evolución y creencia.

Un ejemplo: digamos que vienes al planeta en tu próxima encarnación y que a medida que creces, comienzas a recordar los *conceptos* de tus problemas del pasado y no las emociones. En lugar de recordar los momentos problemáticos, el Akasha te hace recordar las soluciones que aprendiste, a partir de los problemas. ¿Comprendes lo que estoy diciendo? Una Memoria Akáshica conceptual y que trabaja con el Innato, te dará la sabiduría que tienes hoy en día como Alma Antigua y que es resultado de las experiencias que tuviste en vidas pasadas. Por ejemplo, digamos que cuando niño te quemaste la mano severamente al ponerla sobre la estufa. No tocarás una estufa por el resto de tu vida. Cuando reencarnes, en lugar de traerte el drama del quemón, del dolor, de la confusión y frustración, el Akasha te recordará "*No toques una estufa calien*te". En otras palabras, el Akasha recordará *conceptos de sabiduría* del pasado en lugar de *elementos de drama involucrados en las lecciones*. Algunos lo tendrán a la edad de ocho años. Para otros, tomará un poco más de tiempo. Esa es tan solo una de las cosas que estará esperando al Alma Antigua la próxima vez. Es el potencial para un gran cambio en la manera como el cuerpo Humano piensa y trabaja.

"*¿Kryon, es esto nuevo?*" No realmente. Es nuevo para ti en esta era, pero ésta es la manera como fue diseñado tu ADN y cómo debería estar funcionando ahora, si lo hubieras permitido. ¿Comprendes que al pasar el marcador de 2012 y entrar en esta nueva energía de recalibración, has dado permiso para comenzar a subir la eficiencia de tu ADN? Es importante que comprendas el potencial de cambio que tiene este planeta en estos tiempos.

Tengáis en cuenta, queridos míos, que este lento cambio del ADN puede tomar generaciones. Yo estoy dando información que va a suceder en una línea de tiempo que crearéis en libre albedrío y dando permiso. ¿Qué tan fuerte va a empujar hacia atrás la vieja energía? Tanto como lo permitís en la energía de cambio. Sí, frecuentemente os retrasará y les hemos dicho eso. Pero la evolución espiritual no puede ser detenida y vais a comenzar a verla hacerse realidad lentamente. Ese es el número uno. El número dos es el más difícil.

Razonamiento sobre el potencial del futuro

Ahora, mi socio, quiero que vayas lentamente (Kryon advirtiendo a Lee que vaya más despacio). Estoy a punto de dar un concepto que nunca habéis experimentado o en el cual nunca antes habéis pensado. Se trata de la manera como funciona la sinapsis en tu cerebro. *Razonamiento del potencial del futuro.*

La manera como piensan los Seres Humanos en este momento es lineal. El cerebro es un hermoso computador y es el más rápido del planeta. Tú no te das cuenta de todo aquello por lo que pasa para hacer lo que hace, pero déjame contarte brevemente: el cerebro Humano se basa en experiencias. Es un depósito de todo lo que has hecho para poder sobrevivir. Es sencillo en algunas cosas y complejo en otras. Cuando un Humano se acerca a una escalera, el cerebro clasifica todo lo que alguna vez ha visto para poder reconocer las escaleras. Cuando recuerda "escaleras", sabe como trepar por ellas basado en la experiencia pasada y todo está bien. Si nunca hubieras visto escaleras, tu reacción hubiera sido completamente diferente.

Puedes imaginar cuántas experiencias tiene que tener el cerebro de un bebé, a medida que crece, para poder recordar y navegar más adelante a través de cosas normales. Todo esto es lineal. Sin importar lo que hagas en la vida, se te presentan todas las imágenes y recuerdos de tu pasado y el cerebro las ordena a la velocidad del rayo para darte opciones. Después calcula lo que debes hacer. Tú llegas a una habitación como ésta y ves otras personas, sillas y muebles que reconoces. No es un misterio. Tu cerebro lo pone todo en una perspectiva que has experimentado antes y entonces puedes sentarte y sabes como hacerlo. Es algo automático.

¿Tienes idea de la cantidad de poder computacional que se requiere para hacer eso? Imagínate, ordenando y clasificando todo lo que has tenido en tu experiencia de vida, ¡para poder sentarte en una silla! Eso es lo que hace el cerebro por ti y lo hace bien. Es supervivencia, es protección. Te ayuda a decir las cosas correctas cuando conoces gente, para que puedas crear amigos y no enemigos. El cerebro ordena y clasifica las reacciones que has tenido antes a conversaciones o situaciones y escoge aquellas palabras correctas que dijiste y que hicieron una diferencia en el pasado. Este es el cerebro lineal en su mejor desempeño y se acomoda muy bien a lo que necesitas.

Ahora, voy a presentarte algo nuevo. Hablemos de ajedrez. El maestro de ajedrez se sienta frente al tablero. Ahora, esto es una metáfora. El tablero representa a los enigmas y realidades de la vida que vamos a llamar 3D (aunque es 4D). Tú vives y caminas en 4D y los enigmas se basan en la altura, profundidad, anchura y tiempo. Estas cosas son tu realidad y así es como tú piensas y trabajas y juegas. Ajustas todo esto en el "tablero de ajedrez de la vida" y tu cerebro te ayuda a calcular lo que debes hacer después y lo haces. Todo se basa en una supervivencia momentánea. Pero ahora entra a jugar el maestro de ajedrez. Un maestro de ajedrez evalúa la *reacción poten*cial de muchas movidas (acciones) y trabaja con un gigantesco enigma de "qué tal si". Es posible que antes de tomar acción, haya cinco o seis movidas para intuir y proyectar, dependiendo del enigma. ¿Cuántas personas están involucradas en el enigma y cuáles son los resultados potenciales?

Ahora cambiemos el juego: en lugar de ganar el juego de ajedrez conquistando o apresando a los otros jugadores, el maestro de ajedrez buscará ese potencial más elevado que signifique una *solución benevolente* de la situación. Esa será la movida seleccionada. En otras palabras, la movida ganadora es la que creará una solución de la situación en lugar de capturar los bienes de otro jugador.

Entonces, la primera idea es medir o intuir la reacción potencial inmediata a cada una de las muchas movidas posibles. Después, él analiza lo que podría suceder después de una u otra movida y lo hace de nuevo. Mide el futuro potencial de lo que podría ocurrir basado en sus proyecciones y experiencia e intuición. Está apelando a una habilidad innata que no muchos tienen. Tiene una mente que calcula potenciales futuros.

Ahora está proyectando su tercera movida, después de las primeras movidas potenciales. ¿Que ocurriría si esto o eso sucediera o si él se moviera aquí o allá? Se requieren observar una miríada de posibilidades y de reacciones potenciales. Pero, en lugar de basarse en las reglas del juego, debe utilizar lo que le dice su intuición sobre lo que harán los jugadores que están a su alrededor. Basado en eso, ¿cuál es el potencial más elevado de solución en términos de una movida? ¿Qué harán los otros?

¿Ves a dónde nos está llevando esto? No eres un maestro de ajedrez a menos que estés por lo menos, cinco jugadas adelante. El jugador de ajedrez de hoy en día tiene una cierta cantidad de tiempo para calcular todo esto. Y mientras está ahí sentado puedes ver su cerebro trabajando al tiempo que observa el tablero y analiza su siguiente movida (resultado potencial). Sin embargo, en este nuevo escenario, el nuevo maestro de ajedrez (tú) debe observar muy rápidamente cada potencial y lo que podría ocurrir y debe tomar automáticamente decisiones buenas y compasivas, utilizando un ADN que tiene un elevado desempeño. ¿Puedes imaginar el poder cerebral que se requiere para esto?

Hagamos que esto sea algo práctico: muchos de vosotros tienen niños, entonces utilicemos una situación común como metáfora: dos jóvenes hermanos, con una diferencia de edad de año o año y medio, están comiendo juntos. La dinámica es casi la misma en toda la Tierra y el género no interesa mucho a cierta edad. Son adversarios naturales. Están sentados a la mesa y uno hace algo que al otro no le gusta. Uno acapara la comida y no le da la galleta al otro. Padres, habéis visto esto muchas veces. Entonces el otro, que está irritado, grita, se queja y agarra y le quita la galleta al otro. El primero se la quita de nuevo y golpea al otro. El otro lo golpea también. Pronto se desarrolla una contienda y hay heridas, llanto, drama y mucha incomodidad - y la madre debe intervenir. Creo que este escenario es familiar y es interminable.

Sucede todo el tiempo hasta que llegue la madurez con la edad y la experiencia.

Ahora, quiero que recorras de nuevo este proceso y quiero que pretendas que estos niños han evolucionado de la manera que he descrito antes. Piensa cómo sería esto: un niño hace algo que no le gusta al otro niño. Es el mismo escenario, pero ahí mismo, en lugar de quitarle la galleta al otro, el niño que tiene hambre hace un *Razonamiento Intuitivo del Potencial del Futuro*. Con la velocidad del rayo, recorre el escenario de lo que ocurriría si él agarra la galleta: es posible que no tenga la experiencia ni la madurez, pero podrá razonar y verá el potencial de que las cosas terminen mal y entonces no agarrará la galleta. No solo eso. También verá que es posible que tenga que ir a su habitación debido a una mamá furiosa e incluso ¡podría perder todos sus privilegios para tener galletas en el futuro! El vio todas estas posibilidades en un flash de comprensión de segundos - y entonces no hace nada o posiblemente solo se levanta de la mesa. ¿La galleta? Todavía la quiere y buscará una manera de obtenerla pero no quitándosela a su hermano. Se comerá la galleta otro día, quizás como "recompensa", cuando no haya drama ni competencia (Kryon sonríe). ¡Qué chico tan inteligente! Además, él conoce el concepto de que en algún lugar hay más de una galleta.

¿Porqué digo esto? ¿Porqué me concentro en esto? Porque, Ser Humano, ¡este es un cambio de la naturaleza Humana básica! ¿Comprendes porqué no entrarás más en guerra si llegas a este punto? No lo harás porque sabrás la proyección futura de muerte, destrucción, dolor y malos resultados. Tan malos que quizás hasta querrás repetirlos para vengarse de *quién lo inició*. Una raza Humana con la propensión y sabiduría para alejarse de la acción que enciende el conflicto, ¡será una nueva raza Humana! Estoy diciéndote que esto no es tan lejano. ¿Has visto los que se resisten a esto en aquellos países que todavía quieren crear problemas?

Representan una vieja energía del pasado. El planeta los mira y piensa, "*¿Porqué no se unen a la Tierra? Eso ya no es lo que hacemos*". Ya está ocurriendo. Y es una movida difícil.

Relaciones

¿Y qué hay de las relaciones? ¡Ya no tendrás que adivinar tanto! Será instintivo e intuitivo. El *Razonamiento sobre el Potencial del Futuro* será rápido como el rayo y ni siquiera sabrás que lo sabes, excepto porque pensarás diferente. Cuando conoces a alguien por primera vez, hay un protocolo que tienen los Humanos. Hay una pequeña pared entre los dos, sobre la cual hay que trabajar y probar y ensayar. Todo esto para ver si esa otra persona podría volverse tu pareja. ¿Qué tal si en cambio, pudieras mirar dentro de esa persona y ver a Dios allí primero? ¿Qué tal si pudieras reconocer relaciones pasadas? ¡Esa es la Memoria Akáshica intuitiva al máximo! Está llegando. La manera como saludas al otro, lo que ve el uno en el otro y la habilidad para amarse el uno al otro, será casi un libro abierto para ambos. Todo va a cambiar, eventualmente, pero no puedo decirte cuando. Ni siquiera puedo decirte si vas a estar aquí en tu cuerpo actual. Eso depende de ti y de que tan rápido cambias las cosas. Pero si puedo decirte que esto es lo que va a ocurrir.

Conciencia subconsciente

Y aquí viene un concepto final: *Control sobre el subconsciente*. Actualmente no lo tienes. Estamos hablando de lo que algunos han llamado el no-ser y otros, el subconsciente. Es esa parte de ti que no es del todo tú pero que sí está debajo de tu pensamiento. Es importante, porque frecuentemente es un irritante en tu personalidad, porque te trae miedo y desconfianza y afecta la manera como vives. Es esa parte de tu cerebro que frecuentemente te dice "qué tal si". ¿Qué tal si no tienes buena cara? ¿Qué tal si agarras una enfermedad? Qué tal si, qué tal si, qué tal si – entonces te quedas en casa y no haces nada. Con alguna ayuda te darás cuenta de que eso ni siquiera eres *tú* hablando. El subconsciente representa una dualidad muy activa. En el futuro, el Humano conceptual va a ver esto por lo que es y lo pondrá en el asiento de atrás, donde pertenece. Esa es una metáfora.

A medida que creces y avanzas en la vida, dejarás de tener miedos que te perturben. Para algunos de vosotros, esas dudas agonizantes que han tratado de conquistar todas sus vidas, serán lo que son y serán soltadas. ¡Yo sé quién está aquí y quien está leyendo! ¿No sería bueno identificarlas y ponerlas de lado? Esto representará un profundo auto equilibrio. Estas cosas que acabo de daros están comenzando a suceder en la humanidad y vais a ver a algunas personas con ellas, así como con muchos otros cambios de los que os he hablado.

Hace más de una década, mi socio comenzó a hablar sobre la nueva conciencia de los niños en el planeta (Niños Índigo). En ese tiempo ya había muchos de ellos. Ahora casi todos son así. Esta es la manera como la conciencia Humana evolucionará – generacionalmente. Ya puedes ver estas cosas en el planeta. Pero el potencial para dentro de diez o quince años, es que será mucho más obvio de lo que es hoy en día. Lo que esto significa, queridos Seres Humanos, es que la Naturaleza Humana sin duda alguna está cambiando. Lo llamaréis de muchas maneras. Los psicólogos lo llamarán madurez aumentada. Sin duda, así se verá.

Los científicos también observarán la manera como combates las enfermedades. El Ser Humano está desarrollando una nueva inmunidad y un ADN que funcionará mejor, pero los científicos nunca llegarán hasta donde yo fui hoy. Un ADN que comienza a ver las instrucciones más claramente, funcionará mejor. Oh, hay más, pero no hoy.

El Alma Antigua

Si las cosas tan solo cambiaran de la manera como os he contado hoy, sería suficiente para crear una vida que sería asombrosamente diferente a lo que estáis acostumbrados ahora. Pero hay mucho más. Lo último que os diré, es que no tenéis que tener otro cuerpo en otra vida para hacer que estas cosas ocurran. Si crees en la remisión espontánea, sabes que todo de lo que hemos hablado hoy está disponible para ti en tiempo real, Alma Antigua.

No queremos que tengáis que dejar esta vida y regresar para facilitar estas cosas. Queremos que las creéis ahora. Veáis estas cosas como posibles en vuestros cuerpos, queridos míos y ¡reivindicadlas! Hay algunos en esta habitación que se han sanado a sí mismos de enfermedades, entonces, ¿porqué detenerse ahí? Dale una mirada a los potenciales que existen. Eso cambiará tu apariencia, tus miedos, la forma como te ven otras personas, la manera como reaccionas (o no reaccionas) y te ayudará a volverte un modelo del futuro Humano. Para eso están aquí las Almas Antiguas. Ese es mi mensaje del día.

¡Hay tal honor en torno a tu proceso! ¿Sabes porqué puedo decir estas cosas? ¡Porque lo he visto antes! Vosotros no sois el primer planeta que se ha graduado a esta situación. ¿Sabíais que la vida en la galaxia se basa en el ADN? Vais a verlo y os reiréis de vuestras presunciones. Está en todas partes y vais a ver eso también. Tan pronto como encuentren vida microbiana en otras partes, en cualquier luna o planeta y la analicen – van a encontrar la doble hélice. Preparad para eso. Hemos visto esto antes y por eso conocemos los potenciales que están ante vosotros.

Y así es.   *Kryon*

> *"Si eres un Alma Antigua, puedes sentirlo. Si puedes sentirlo, eres un Alma Antigua. Congratulaciones a todos vosotros por ser quienes sois. Sois quienes cambiarán el planeta."*
>
> "El Alma Antigua definida" Bali, Indonesia – Marzo 29, 2015
> Fuente: www.kryon.com?old-soul-defined

"Los Seres Humanos van a comenzar a tener el mismo tipo de atributos de conciencia de los que gozan las células. Estarán conectados. Comenzarán a saber lo que el otro está pensando. No a nivel personal o privado pero sí intelectual y cooperativamente. El sentido común será la guía."

Kryon

Kryon

Capítulo Ocho

La energía del futuro

Kryon continúa dándonos cada vez más información sobre lo que está ocurriendo. ¿Estamos avanzando hacia una parte peligrosa del espacio mientras nuestro sistema solar se mueve alrededor de la galaxia? ¿Está evolucionando nuestra estructura celular? ¿Qué cambios pueden estar ocurriendo en nuestros recuerdos akáshicos? ¿Porqué ahora? Todos estos temas son tratados como referencia para nuestra evolución espiritual.

Lee Carroll

Capítulo Ocho

"La energía del futuro"
Canalización en vivo de Kryon

Newport, California
7 de diciembre 2014

Saludos, queridos míos, soy Kryon del Servicio Magnético. Esta canalización en particular estará llena de información, como frecuentemente ocurre, pero también hay algo más que ofrecemos. Estamos llegando al final del año calendario 2014. Normalmente, este es un tiempo para la reflexión y en esta habitación queremos generar, con el séquito que está alrededor, una energía de congratulaciones. Quiero que estés aquí sentado, disfrutando con honor y me gustaría que trataras de liberarte de los problemas con los que llegaste aquí. Mientras estás ahí sentado, si te duele algo en el cuerpo - libérate. Si tienes el corazón dolido – libérate. Entendemos muy bien que físicamente tú eres lo que tú eres y que debes pasar por lo que estás pasando, pero tienes el poder de liberarte de eso por un rato – durante los siguientes pocos minutos. Sin importar cuál es el mensaje que sigue o lo que se dice, hay otra energía aquí que permee toda la habitación. Está sobre ti, revolotea a tu alrededor, te mira, te recuerda, te conoce y está agradecida por ti. Mientras comenzamos a dar la información, pedimos que la multiplicidad de mensajes que van saliendo sean sentidos y comprendidos y disfrutados al máximo durante estos momentos.

La premisa de la evolución celular

Si estás escuchando o leyendo esto y no estás físicamente en esta reunión, necesitamos repasar algo – una premisa. Hay algunos científicos e investigadores que creen que el cerebro Humano contiene todo lo que podría contener. O sea creen que contiene genialidad, inteligencia que puede manifestarse sobre la física y que hay maestría en cada célula Humana pero que esos atributos están encerrados y que, de alguna manera, dependiendo de la química y de la energía multidimensional que hay en cada cerebro Humano, hay un posicionamiento de energía que lo mantiene todo encerrado. Esta creencia dice que tal vez, en el momento apropiado, ciertas energías llegarán y lo liberarán. Esta es la teoría que dice que los Humanos están completos y desarrollados y listos para cualquier cosa.

Ahora, esta teoría es opuesta a otra que dice que el cerebro Humano no está completamente desarrollado y que es producto de una continua evolución celular. Dice que tu inteligencia no va más allá de la habilidad del cuerpo para ser inteligente. No hay nada en tu cuerpo más allá de lo que ves y eventualmente irán apareciendo células para crear un Ser Humano más evolucionado. Entre estas dos teorías, te diré que la primera es la correcta. La evolución de ahora en adelante estará basada en la energía, no en la química y liberará la sabiduría que está oculta así como una mayor eficiencia celular – algo que ya está ahí.

Algunas veces, la prueba de esta premisa llega de forma extraña y tú lo ves pero no sabes cómo interpretarlo. Una herida en el cerebro puede hacer que se desencadene un recuerdo Akáshico e instantáneamente surgirá un artista en un Humano que nunca antes fue artista. Algunas veces sucede algo, por ejemplo un golpe en la cabeza y alguien de repente se vuelve un genio. Estas son pequeñas evidencias que indican que la primera teoría es absolutamente verdadera. Es aquella teoría que dice "Dentro de ti está todo, esperando a salir".

Dale una mirada a la remisión espontánea. Es un enigma y muchos creen que es un milagro. ¿Cómo puede el cuerpo curarse instantáneamente de algunas de las peores enfermedades y desequilibrios que aquejan a la humanidad? Y sin embargo ocurre repetidamente. Llegamos al área de aquello que hemos venido enseñando que es la lógica espiritual. Observad lo que he dicho en el pasado: la vieja energía que está en este momento en el planeta ha bloqueado tu ADN a aproximadamente un 33 a 34 por ciento de su capacidad. Los maestros sabios y de larga vida que caminaron en el pasado por este planeta, tenían su ADN funcionando a un 80 a 90 por ciento. Todo lo que ellos hicieron fue para mostrarte lo que tú también podías hacer. Hemos enseñado esto una y otra vez. Sea esta la premisa con la cual comenzamos.

La física de eso: un repaso

Hablemos algo de física y la llamaré física espiritual para que no sea muy complicado. En 1993 te dimos un libro llamado Los Tiempos Finales. En este libro hicimos algunos enunciados. Hablamos sobre la rejilla magnética de la Tierra y te dijimos que tenía que estar ahí para que pudiera existir vida Humana – y existe. En ese tiempo, la ciencia no estuvo de acuerdo con eso pero ahora muchos lo están viendo. Luego te hablamos de lo esotérico de eso, lo que mi socio llama la parte woo-woo. Tu ADN, una molécula multidimensional, tiene dentro de si todo lo que el Universo conoce. Tiene tu registro Akáshico, todas tus vidas, todo tu propósito espiritual y tu karma. Todo está en tu ADN. Esto nunca será probado puesto que es un atributo espiritual. El ADN crea un campo que es llamado el Merkabah (una palabra hebrea).

También te dijimos que la rejilla magnética de la Tierra, una energía multidimensional, transfiere ciertas cosas a tu ADN cotidianamente. Le rejilla se convierte entonces en un gran sistema de transferencia de energía. Eso debería haber conectado los puntos para aquellos que estaban poniendo atención – porque si la rejilla cambia, también lo hacéis, queridos míos. Os dije que la rejilla cambiaría más en 10 años que lo que hizo en 100 años y así fue. Tú puedes medir el movimiento de la rejilla magnética con una brújula. Entre 1993 y 2002, se movió mucho más que en cualquier otro momento de la historia Humana moderna. Dijimos que esto sería así y así fue. Nuestro grupo de la rejilla se fue en 2002 tal como te lo dijimos.

De nuevo, aquellos que estaban poniendo atención deberían haber sabido que algo estaba ocurriendo. También dije en esas transmisiones iniciales de tiempo atrás que no habría un Armagedón y no lo hubo. Dije que no habría una tercera guerra mundial y no la hubo. De cara a toda la profecía que decía algo diferente, dijimos que existía el potencial de que los Seres Humanos pasaran el marcador, sobrevivieran e iniciaran una nueva energía en el planeta. Dijimos que éste sería el comienzo de la paz en la Tierra y ahí es donde están ahora. Todos estos años hablamos del potencial para hoy en día cuando estás escuchando este mensaje y preguntando que podría venir luego. Entonces voy a darte un título a esta canalización en este momento: la energía del futuro.

La energía del futuro

La semana pasada os di una canalización sobre lo que se puede esperar para los próximos tres años. El mensaje de esta noche te hablará de energías que van a manifestarse más allá de eso y de algunos de los cambios a esperar y de porqué están ocurriendo. Es posible que quieras escuchar esta canalización varias veces para entenderla bien porque es una revisión y también hay nueva información.

Entonces, antes de comenzar, ¿qué hemos establecido?

Número uno: en tu cuerpo Humano y a través de tu ADN, hay maestría y esplendor que están trabajando al 34 por ciento.

Número dos: la rejilla magnética del planeta posiciona todo lo que tiene que ver con tu ADN. También tiene mucho que ver con aquello que llamas naturaleza Humana, lo que quieres y lo que has creado. Parece estático, nunca cambia y simplemente es así. Sin embargo, lo llamaremos el bloqueo temporal sobre el ADN. Cuando tu conciencia Humana y tu madurez espiritual comiencen a avanzar durante los próximos años, tu ADN comenzará a cambiar. No tiene nada que ver con la química y sí con la energía almacenada dentro del ADN y con una re-escritura de la información. La nuevas energías desbloquearán ciertas partes y algunas de ellas son las que te hablé al comienzo de esta canalización – esas cosas enigmáticas relacionadas con la curación y con el Akasha.

Los nodos y los nulos – energías para el futuro

Ahora demos un paso adelante. En los últimos dos años os hemos hablamos de la apertura de los nodos y nulos, las cápsulas de tiempo del planeta que estaban esperando esta nueva energía. Os dijimos quién las puso allí y que la Fuente Creadora en sí misma es la responsable de esto. Os dijimos que han estado allí por más de 100.000 años esperando ser abiertas si lograbais pasar el marcador. Y acabáis de hacerlo. Las cápsulas están abriéndose lentamente y las hemos identificado y hemos emparejado algunas para vosotros. [www. monikamuranyi.com/extras/gaia-effect-extras/nodes-and-nulls/] Están comenzando a abrirse.

¿Qué hacen? Te lo diré. Vierten información hacia las rejillas magnética, Cristalina y de Gaia – las tres rejillas interpersonales activas de este planeta, las que hacen interfaz entre tú y tu conciencia. Allí es a dónde va la información. ¿No es interesante? La información no va directamente a tu conciencia sino a las rejillas. Esto permite que haya libre albedrío porque no se coloca en tu conciencia. Esto eliminaría el libre albedrío. En cambio es puesta en la rejilla. En libre albedrío el Humano puede ignorar lo que yo estoy diciendo y salir de esta habitación. Él puede decir, *"¡El hombre en la silla es un fraude. La información es ridícula; ¡es estúpida!"* Al mismo tiempo, sentado al lado de este incrédulo estará alguien que está siendo milagrosamente sanado en este día. Esa es la diferencia. El libre albedrío para que aceptes o rechaces las cosas que hay a tu alrededor, es la clave para honrar tu conciencia individual.

La nueva energía que se aproxima desde el espacio

Si pudierais ver energías multidimensionales y tuvierais la habilidad de observar el sistema solar mientras gira alrededor del centro de la galaxia, podríais ver una banda de energía que estáis cruzando actualmente. Podríais decir en este momento que vuestro sistema solar ha estado en una burbuja de energía protectora desde que la vida comenzó en este planeta. Esto es una medición astronómica y es algo conocido por la ciencia. Incluso tiene un nombre. Entonces no es algo esotérico. A medida que esta burbuja se disipa y avanzáis hacia una nueva área del espacio, esta banda que estáis cruzando va siendo diferente. De hecho representa una mayor energía y algunos pueden llamarla radiación.

El sistema solar avanza firmemente dentro de esta banda y es la primera vez que esto ha ocurrido con Humanos en la Tierra. El sistema solar tarda millones de años para hacer una revolución alrededor del centro de la galaxia. Por lo tanto, no estabais aquí la última vez que esto sucedió. La presencia de la semilla creadora ha sido ratificada dentro de vosotros y aquí llega la radiación justo a tiempo. Hemos dicho esto antes y lo hemos canalizado ya no es nueva información. Pero ahora la unimos y la organizamos.

Lo primero que esta radiación intercepta es el Sol, lo más grande que hay en vuestro sistema solar. El Sol es un motor nuclear y tiene la mayor cantidad de energía de vuestro sistema. La nueva radiación hace interface con tu Sol e inmediatamente el Sol cambia su energía. Envía esta nueva información como una ráfaga a través del viento solar [la heliosfera del Sol] directamente a la Tierra. Inmediatamente será interceptada por vuestra rejilla magnética porque la rejilla magnética siempre intercepta cualquier energía de la heliosfera. La heliosfera [rejilla magnética del Sol] se superpone a la rejilla magnética de la Tierra y la transferencia de información se hace a través de algo llamado inductancia. Ahora la información está en vuestra rejilla magnética. Como repaso, recordad que os hemos enseñado que cualquier atributo de la rejilla magnética es transmitido a tu ADN. Conectad los puntos a partir de un mensaje de hace 25 años: la nueva energía afecta al Sol. El Sol le da energía a vuestra rejilla y vuestra rejilla se la da al ADN. Quedáis afectado.

El nuevo "mensaje" que llega del espacio

Dejadme decir cuál es el mensaje que está siendo comunicado: ¡Desbloquéad hasta el 44 por ciento! Este es el mensaje: la raza Humana ha pasado el marcador y está lista para el siguiente paso en la evolución. Estoy hablando sobre el Alma Antigua. Seréis los primeros en recibir este mensaje. ¡Eres tú y algunos de tus hijos que son "Almas Antiguas" quienes están comenzando a sentir y a aceptar esto!

Déjame decirte en esta lección de hoy que lo primero que este desbloqueo comenzará a crear será lo que vamos a llamar agudeza Akáshica. Vas a comenzar a recordar y ya es tiempo de que lo hagas. ¿Puedes celebrar esto? Ya es tiempo de que cuando nazcas no tengas que comenzar de cero en la oscuridad y volviendo a repetir todo de nuevo. ¡En lugar de eso, tú recuerdas!

Quiero hablarles a algunos individuos que están escuchando esto y están en esta sala. ¿Acaso tus nietos han tenido la audacia de decirte quienes fueron antes? No levantes la mano; yo sé que estás aquí. ¡Ellos lo sienten y lo saben y de la boca de estos bebés sale la más profunda información que este planeta jamás ha escuchado! ¡Ellos saben quienes fueron! Algunos te señalarán con el dedo y dirán, *"¿No lo recuerdas? Yo fui tu mamá en otra vida"*. Eso es un poco desconcertante, ¿verdad?

Quiero que recuerdes una de las premisas de la encarnación, la que te hemos dado una y otra vez. Encarnáis en grupos familiares. Hay una razón para esto. Es para que haya más comodidad y alegría. Es para que cada vez no tengas que aprender de nuevo sobre la energía de cada persona relacionada. Las energías de la familia se mantienen unidas y así tú puedes lograr más. Siempre hay una razón benevolente para estas cosas. Cada atributo del sistema esotérico de la vida, ya sea las rejillas o la reencarnación es benevolente. ¿Escuchaste eso? Es un sistema bellísimo y no es algo aleatorio. No se trata de enjuiciar; no se trata del castigo. En cambio, se trata del amor de Dios para ti y lo que estoy por decirte es que está cambiando la energía.

Agudeza Akáshica

Entonces, hemos establecido que estáis moviendoos hacia esa nueva radiación y hemos dicho que esa radiación intercepta al sol. El sol envía ráfagas hacia el campo magnético (a través del viento solar) del planeta y el campo magnético le habla a tu ADN. De repente, se da el potencial de que parte de tu ADN comience a ser desbloqueado. Los atributos del desbloqueo de la agudeza akáshica te ayudarán a recordar quién has sido. Ahora, con este recuerdo llega una energía – no la de quién fuiste sino más bien la energía de lo que hiciste. No me refiero físicamente; me refiero a lo energético y lo mental. Las Almas Antiguas llevan consigo experiencia. Cuando miras a los ojos de un niño, vas a ver sabiduría que está esperando expresarse. Queridos míos, estos niños son diferentes. ¡Ellos no van a hacer lo que tú hiciste! Tienen un nuevo conjunto de situaciones y problemas y gran parte de estos están relacionados con tratar de navegar a través de los viejos problemas que ¡habéis creado para ellos!

Hay algo de lo que hablamos en una canalización anterior llamada el factor de sabiduría. El factor de sabiduría tiene su origen en la agudeza Akáshica. Después de vivir vidas Humanas una y otra vez, comienzas a recordar la sabiduría que adquiriste en esas vidas pasadas. No necesariamente recuerdas quién fuiste sino más bien el hecho de que has existido y las experiencias que has tenido. ¿Imagina un niño que llega al planeta sabiendo leer? ¿Imagina un niño que llega al planeta sabiendo que no debe tocar algo caliente? ¿De dónde viene eso? Vas a ver más de esto y vas a tener un sentimiento de "yo he estado ahí, yo he hecho eso".

La agudeza Akáshica es recordar la experiencia de vidas pasadas. A medida que el niño crece, ese recuerdo se vuelve sabiduría pura. A medida que el niño despierta y su pineal se abre, algo más sucede. La rejilla comienza a hablarle al niño a través del ADN y en la rejilla está la información de las cápsulas de tiempo de las que hablamos en canalizaciones pasadas. La cápsulas de tiempo comienzan a alimentar al planeta con sabiduría y conocimiento aumentados. ¡No tienes que reencarnar para despertarte más! La agudeza Akáshica significa que los Humanos repentinamente saben más que otros niños supieron en el pasado – mucho más.

Vía rápida

Este es el plan y es un sistema de vía rápida, un sistema de energía para la ascensión del planeta. Su implementación va a tomar un largo tiempo, queridos míos, pero está comenzando ahora. Vais a ver evidencia marginal de esto comenzando a darse en 2015, 2016 y 2017. Vais a verlo ligeramente en muchos lugares. Estas energías se demoran en madurar y no todas van a darse rápida e instantáneamente. Algunos de vosotros estaréis convencidos de que el mundo está atravesando una gran oscuridad y que todos vosotros también lo estáis. Esto se debe a que no interpretáis los cambios por lo que son y no comprendéis lo que está sucediendo realmente. Hemos dicho antes que cuando mucha luz brilla en un lugar oscuro, las cosas que siempre estaban en la oscuridad se oponen a la luz. Es lo que estáis viendo ahora y veréis más de esto. Estas cosas oscuras siempre estuvieron ahí pero simplemente no tenían la luz que ahora estáis arrojando sobre ellas.

Conciencia de sí mismo

La agudeza Akáshica crea sabiduría y la sabiduría se traduce en algo más sobre lo cual queremos hablarte. ¿Cómo presento este caso? Cuando los organismos se vuelven más complejos, funcionan mejor. Más células se juntan, se comunican y trabajan mejor. A medida que has evolucionado como fuerza vital, los sistemas se han vuelto más elaborados y más maduros. Finalmente se ha llegado al Ser Humano que tiene lo que tu llamarías sensibilidad.

Sois conscientes de vosotros mismos. Próximamente os daré una canalización que explicará la evolución de la vida en la Tierra. Las células de la vida se reproducen, viven y consumen energía de una forma que todavía no se ha visto en la ciencia.

La conciencia de sí mismo es uno de los primeros atributos de la inteligencia espiritual y aquí estás tú con ella. Hoy en día, eres mucho, mucho más evolucionado que los animales que están por debajo de ti. Los miras a los ojos y puedes ver en ellos emoción y amor e inteligencia pero ellos no saben quién son, no realmente – no como tú lo sabes. Tu cerebro es el mejor del planeta porque se fue haciendo más complejo y los sistemas comenzaron a trabajar en conjunto de una forma que todavía no has entendido.

Ahora, ¿porqué te digo esto? Porque esta verdad básica no se refleja para nada socialmente. ¿Has notado que entre más grande es una organización, es también más disfuncional? Ahora, ¿puedo apuntar el hecho de que esto es exactamente lo contrario de lo que ha ocurrido a través del tiempo con la estructura celular? ¡Hay algo que hace falta! Las células se coordinan unas con otras de formas que no has descubierto todavía. Una sabe lo que la otra está haciendo y esto genera equilibrio químico y eléctrico. Todas ellas tratan de equilibrarse juntas. Esa es la belleza de un sistema que tiene integración y coherencia. Se organiza todo de tal manera que todas tengan la misma información y estén trabajando hacia la misma meta inteligente. ¿Cómo puedes tener trillones y trillones de células en un cuerpo Humano, trabajando todas juntas, viviendo largo tiempo, cooperando y haciendo lo mejor que pueden para mantenerse vivas y sin embargo, cuando juntas varios cientos de personas son completamente disfuncionales?

Sabéis que estoy en lo correcto. Entre más grande es la organización social, peor funciona. Y si hablamos del gobierno, ni siquiera tengo que decirlo. En algunos casos parece incluso que la organización es estúpida porque son muchos elementos tratando de hacer lo mismo. ¿Qué es lo que no va ? Dejadme mostrarlo porque va a cambiar.

Conciencia integradora

He aquí una nueva frase: conciencia integradora. Los Seres Humanos van a comenzar a tener los mismos atributos de conciencia que tienen las células. Estarán conectados. Comenzarán a saber lo que el otro está pensando. No en lo personal o privado pero si intelectual y cooperativamente. El sentido común será la guía. Pronto encontrarás algo que nunca creíste que podría ocurrir: las grandes organizaciones comenzarán a funcionar mucho mejor de lo que han hecho antes. Hemos hablado incluso que llegará un día en que haya cooperación sin necesidad de que haya un administrador. Esto es todo parte de eso, queridos míos. ¿Podéis imaginar una situación en la que nadie está a cargo? Esto solo puede ocurrir si todos los individuos conocen al mismo tiempo los asuntos. ¿Veis lo que estoy diciendo?

Esto queridos míos es el factor de sabiduría. ¿Podéis imaginar cómo esto afectará todo? Comencemos sencillamente: las relaciones, los negocios en general, las corporaciones, la política, los gobiernos. Si la conciencia tiene Física (como lo he dicho) eso significa que hay reglas absolutas de la física de la sabiduría y por lo tanto puede ver y se puede trabajar con ella.

¿Recuerdas esa radiación que se está acercando en el sistema solar? ¿Recuerdas que va a impactar la rejilla magnética? Todo esto va a comenzar a desbloquear tu ADN. Solo desbloqueará aquello que habrás aceptado desbloquear en libre albedrío, queridos míos. No sucederá a menos que des permiso para ello. ¡Mi trabajo es avisarte!

Todos regresaréis y os lo he dicho antes. Sin importar lo que tu cansado cuerpo diga ahora, vas a regresar. ¡Imagínate un cuerpo joven con el conocimiento que has ganado esta vez y por lo cual no volverás a cometer los mismos errores! ¡Volverás renovado con muy buen aspecto y recordando! No vais a perderos esta fiesta, queridos míos. Cada vez que os he visto en mi lado del velo, escasamente podían esperar a regresar de nuevo especialmente si hay una redención que se aproxima. Habéis pasado mucho tiempo luchando contra la vieja energía, queridos míos. Ahora, ¿porqué no disfrutar aquello por lo que habéis pagado y que os habéis ganado? Hay más.

El patio de juegos, de nuevo

Dijimos la semana pasada que la metáfora de todo esto es la de los niños en el patio de juegos. ¿Puedes recordar cómo era en el patio de juegos? ¿Recuerdas a los matones? ¿Recuerdas sintiéndote inadecuado o que quizás tú fuiste un matón? Seguramente actuaste con tu conciencia juvenil y otros niños hicieron lo mismo. Era supervivencia e hiciste todo lo que pudiste para defenderte.

Pero esto cambió a medida que has crecido y como adulto joven ya no hacías las cosas del patio de juegos. Ya no te burlabas ni tirabas piedras ni insultabas. Sabías más porque habías crecido y tenías más sabiduría. Ahora, piensa en una humanidad que nunca salió del patio de juegos hasta ahora. En esta nueva energía pos-2012, se te han dado las herramientas de la madurez que te has ganado. Ves la civilización con nuevos ojos y el patio de juegos comienza a desaparecer. La sabiduría comienza a comprender.

Queridos míos, la humanidad no va a llegar a esta nueva sabiduría mientras haya bárbaros en guerra. ¡A propósito, eso es todo lo que habéis hecho durante eones! Habéis aprendido como matarse unos a otros y con el paso de los años lo habéis hecho mejor y de repente la conciencia está cambiando. Los Humanos están comenzando a darse cuenta a gran escala de que *"esto no es lo que queremos"*. Oh, créadme va a haber disputas en torno a esto pero lentamente la mayoría tendrá la comprensión de esto.

Tal como en la vida real, algunos de los matones nunca crecieron y todavía están actuando bajo las "reglas del patio de juegos". Puedes ver a algunos de esos en el planeta en este momento. Les encantaría tomar la vieja y oscura energía y ponerla exactamente como estaba antes de 2012. Les encantaría asustarte pero no va a ocurrir. La sabiduría está cambiando.

Tu Innato va a comenzar a cambiar. El Innato es la inteligencia del cuerpo (es la energía con la que te comunicas con la prueba muscular). El puente entre lo corporal y el Innato está ausente y va a comenzar a ser construido. Déjame decir esto en términos sencillos. Eventualmente tú podrás ser tu propio médico intuitivo. Sabrás lo que está ocurriendo en cada órgano y glándula de tu cuerpo – ¡sabrás si hay equilibrio en tu sangre! ¿No crees que tu cerebro debería dejarte saber esto? ¡Tu Innato ya lo sabe! ¡Siempre está tratando de equilibrarse y lo único que se queda por fuera es tu conciencia! ¿Te parece que está completo este sistema? No está funcionando bien. Pero cuando comienzas a operar al 44 por ciento, esto se vuelve realidad. Este es tan solo el comienzo, queridos míos.

Imagina a un Ser Humano que supiera estas cosas. Lo mirarías y dirías que es una súper-persona. ¿Cómo puede tener esto? ¡Bienvenidos al futuro! La paz en la Tierra es tan solo el comienzo y no requiere esfuerzo mental, como diría mi socio, porque llega automáticamente con la sabiduría. dejaron Habéis dejado de pegaros unos a otros en el patio de juegos cuando habéis llegado a ser adultos. Habéis desarrollado madurez y un poquito de elegancia. La agenda cambió y teníais que llevarse bien unos con otros.

¡Es lo que estamos viendo para este planeta! Es nuestra predicción. No es inmediato pero comienza ahora. Estamos dándote el ABC de cómo funciona para que cuando suceda te parezca real. Esta explicación es para que comprendas que no hay una poción mágica de energía que se extienda sobre la Tierra generando paz. No es así. El motor de esto está en tu ADN, tu sabiduría, tus encarnaciones y en aquello que decidas hacer. Ese es el mensaje. ¡Es trabajo!

Ahora hay aquellos que dirían, *"¿Qué tan pronto? Suena tan bien"*. Quiero que recordáis: algunos estabais aquí hace 20 años cuando mi socio me trajo por primera vez a un salón muy parecido a éste y me permitió abrirme y daros mensajes. En ese momento, os dimos información que está justo aquí frente a vosotros ocurriendo ahora. Vimos los potenciales de lo que sería y de lo que no sería. ¡No fue una profecía desperdiciada porque sucedió!

El Espíritu no conoce el futuro porque éste depende del libre albedrío de la humanidad. Pero sí conocemos los patrones de lo que ha sucedido antes en otros planetas. Vemos lo que están haciendo ahora y tenemos un panorama que ningún Ser Humano puede ver. Sabemos lo que está ocurriendo en las grietas. Vemos cosas que jamás creerías, todas impulsándote hacia adelante. ¿Qué tan pronto? Esto depende de vosotros. Hay tantas cosas a tu favor y esto incluye lo que está ocurriendo en el sistema solar, justo a tiempo para el nuevo Humano.

La precesión de los equinoccios y el final de 2012 marcó el inicio de una conciencia Humana que comienza a llegar a la madurez. Esta fue la profecía de los Antiguos. Después viene un tiempo para acostumbrarse a ello. No voy a decirte cuánto va a durar eso. En otros planetas fue asombrosamente corto. Existe el potencial de que paséis por esto rápidamente. Queridos míos, habéis pagado un precio por esto. Todas esas vidas trabajando el rompecabezas han culminado en este punto y ahora tenéis la libertad para ver el final de ello. Se requieren ajustes para ir de lo viejo a lo nuevo y en medio de estos ajustes se necesita también una recalibración para encontrar la nueva frecuencia que se avecina. Podréis libraros del miedo pronto.

Finalmente, te diré algo que he dicho antes y quiero que lo escuches una y otra vez. Lo repito para que comprendas lo que ves. La oscuridad tratará de ganar, ahora que la luz ha sido encendida. Ellos tienen una herramienta que es potente – realmente potente. Esta herramienta puede llegar a los más elevados y arruinarlos. Puede llegar al trabajador de luz, al sanador y al canalizador. Es una palabra de cinco letras llamada miedo. Si tienes miedo, ellos ganarán. Quiero que pienses en eso. Ellos lo saben. Permite que tu luz brille de manera tan asombrosa para que ya no pueda existir más esa horrible y controladora palabra de cinco letras. Ni siquiera existe. Camina a través de estos tiempos y recuérdalos porque tú los esperabas y has avanzado hacia ellos. Camina hacia esa nueva palabra de cuatro letras AMOR.

Quedaros aquí un momento y celébrad los unos a los otros.

Y así es.   *Kryon*

Israel

Jamás en mi vida experimenté algo como lo que me ocurrió en Israel en 2015. Aquí vienen trece canalizaciones dadas en trece lugares en este pequeño e histórico país de Israel. Continuamente estuve sobrecogido de emociones mientras daba estas cortas canalizaciones en algunos de los lugares más profundamente espirituales que todavía pueden ser visitados. La historia y el significado espiritual del cambio, me sobrecogieron en cada uno de los lugares.

Llevamos a 300 personas en este tour especial y me encantaría que vierais el video de 30 minutos que he hecho en el cual se documentan los lugares en los cuales canalizamos y donde se pueden escuchar unas pocas líneas de las canalizaciones. [www.kryon.com/israelvideo].

Cada una de las trece canalizaciones se titula con una palabra que comienza con una letra específica del alfabeto. Cuando Kryon hace esto, la letra siempre deletrea algo significativo. En este caso, es posible que os sea difícil descifrar cuál es la frase que Kryon está deletreando con las trece letras (en el orden en que fueron dadas las canalizaciones) ¡puesto que está deletreando las letras al revés! Honrando el idioma de esas tierras (hebreo y arábico), Kryon nos da un profundo mensaje. Adelante, id y reorganizad las letras en una frase coherente (en inglés,) para que podáis sumergiros en el mensaje de este tour.

Lee Carroll

Kryon

Capítulo Nueve

Israel

13 canalizaciones dadas durante el tour de
Kryon a Israel

Capítulo Nueve

"Israel"
Canalización en vivo de Kryon

El tour de Kryon a Israel

30 de Septiembre – 6 de Octubre 2015

Cada una de estas canalizaciones se centró alrededor de una letra del alfabeto inglés. Kryon ha hecho esto en otras ocasiones. Las trece letras de estas canalizaciones deletrean lo siguiente: LEARSI NI ECAEP. Solamente algunos de los integrantes del tour se dieron cuenta de lo que esto significaba: PEACE IN ISRAEL (Paz en Israel) deletreado al revés. Se deletrea al revés en honor a los idiomas de la región (hebreo y arábico) cuya escritura es de derecha a izquierda. Los momentos culminantes de este tour pueden verse en un conmovedor video de 30 minutos divulgado en www.kryon.com/israelvideo

La letra L: Living Truth (Vivir la verdad)

Dada en las escaleras El-Burak, Monte del templo, Ciudad vieja de Jerusalén - miércoles en la mañana, 30 de septiembre, 2015

Saludos, queridos míos, soy Kryon del Servicio Magnético. Yo sé dónde estoy y se dónde estáis vosotros. Habrá muchos, muchos de los que escuchan que no se darán cuenta de dónde estáis vosotros hoy. La serie de canalizaciones de estos días, como en muchas aventuras que tenemos juntos, estará guiada cada una por una letra. Al final de la serie, las letras habrán deletreado un concepto profundo. La letra de hoy es la "L".

Queridos míos, os sentáis en un lugar histórico [refiriéndose al "Monte del Templo" – situado en la escalera El-Burak]. No tenemos que hablar sobre él porque es bien conocido. Todos los Maestros de esta tierra caminaron por aquí. La letra "L" de hoy va a tratar de ti. Va a ser acerca de VIVIR LA VERDAD - LIVING TRUTH. No será sobre Israel, ni sobre los Maestros, ni sobre las piedras en las que estás sentado, ni sobre las multitudes que están reunidas aquí (refiriéndose a los miles de peregrinos que están celebrando la festividad judía llamada Sukkot o "La fiesta de los tabernáculos"). Es acerca de ti.

No todos vosotros estáis aquí para escuchar estas palabras de Kryon. Yo sé quién está aquí. Muchos están aquí solo para disfrutar de la historia y sopesar la energía. Pero hay tantos que están escuchando y que se unen en este momento [hablando de los muchos oyentes de los audios en línea]. Quiero preguntaros si estáis viviendo la verdad en la cual creéis. ¿Qué os trae realmente a este lugar? Se trata de vosotros, queridos míos. Antes de dar otros mensajes sobre Israel o sobre lo que puede haber sucedido aquí, debéis suspenderlo todo y examinar vuestro propio proceso. ¿Crees que Dios está dentro de ti?

Quiero que pienses por un momento en lo que había en la conciencia de los Maestros que caminaron por este lugar. Ellos tenían a Dios adentro. Algunos se comunicaban directamente con Dios y te lo dijeron. *"Creemos en un creador benevolente"*. Era lo que enseñaban y nunca cambió. Dios siempre es el mismo en ese entonces, hoy y siempre. Dios está dentro de ti. ¿Puedes tomar esa información y hacer algo con ella? ¿Y puedes entonces proyectar esta energía de Dios hacia el mundo? Cuando miras a tu alrededor ¿ves las cosas con tu filtro y tu cultura o ves a Dios en todo lo que presencias? Cuando observas estas tierras y miras al pasado ¿que ocurre dentro de ti? ¿Estuviste aquí? ¿O si no fue así, estabas vivo en algún otro lugar? ¿Y si no fue así, logras relacionarte con la Fuente Creadora que está aquí? En la siguiente canalización te recordaremos lo que esto realmente representa pero por ahora "L" significa "Viviendo tu Verdad".

Cuando te levantes de donde estás ahora y observes a aquellos que están adorando a Dios de acuerdo con su cultura, verás muchos tipos de doctrinas, creencias, reglas y protocolos. Verás la belleza de sus vestimentas y con cuanto honor se presentan ante su Dios. Ellos son serios, queridos míos, están viviendo su verdad. ¿Y qué hay de ti? Estás aquí para sembrar las semillas de la conciencia de una Nueva Tierra. ¡Estás en la Ciudad de la Colina! Este es y siempre lo ha sido el símbolo de una Nueva Jerusalén. Es un lugar que representará la paz, no una situación difícil. ¿Cuál es tu verdad hoy? ¿Lo crees? ¿Puedes creerlo? ¿Puede ser esto verdad a pesar de todo lo que ves aquí?

Antes de que puedas hacer cualquier otra cosa aquí o escuchar otra canalización en esta excursión, ese es el mensaje de hoy. ¿Puedes ver lo que hay aquí y comprender lo que estamos diciendo? ¿Cuál es tu verdad hoy? ¿Cómo estás con eso querido Ser Humano?

Y entonces es así como comenzamos este viaje y la próxima canalización presentará otra letra. Pero que sea esta la primera y la principal – Vive Tu Verdad durante estos días y observa todo lo que hay aquí con una visión más madura.

Y así es.

La letra E (ENERGIA de la región)

Dada en el Jardín de la Torre de David, Ciudad Antigua de Jerusalén - miércoles en la tarde, 30 de septiembre, 2015

Saludos, queridos míos, soy Kryon del Servicio Magnético. De nuevo diré que no hay duda de donde estoy o de lo que ha ocurrido en este día. No hay duda tampoco de lo que está siendo experimentado por muchos, incluso ahora. Decir tan solo que es hermoso sería atenuar la realidad. Hoy habéis visto lo que muchos nunca verán (hablando de los miles de personas que estaban adorando a Dios en el Muro Occidental del Templo durante el festival de Sukkot). ¿Hay algo especial en observar a Seres Humanos hablándole a su propia manera a la Fuente Creadora, no es así? Tener esa dedicación es algo muy profundo, algo que dura toda la vida, se trata de eso que ellos creen sobre el Dios único. Su Dios es un Dios histórico que es bello para ellos y para ti.

Continuamos con la serie de letras y el tema ahora será una "E". Ésta representará la "ENERGÍA de la región". Ahora, quiero ser cuidadoso aquí para que comprendas hacia donde voy en esta discusión. Aquello de lo que voy a hablar brevemente es diferente de lo que tú posiblemente piensas. Yo no dije la energía de Israel puesto que las fronteras han cambiado a lo largo del tiempo y eso lo aprendiste hoy. Haz escuchado las historias que quién conquistó a quién y de lo que ocurrió. Haz visto la historia de los muchos templos y lo que quedó de ellos. Todo eso es parte de la historia Humana.

Quiero hablar de la región y de lo que ocurrió aquí. Quiero hablar sobre los israelitas, los judíos históricos y de lo que realmente sucedió aquí. Quiero hablar sobre Abraham y lo que pasó en esta región. Si observas algunos de los dichos que posiblemente has escuchado, tanto en las escrituras como de personas sabias, han utilizado la palabra "escogidos" cuando hablan de los judíos. Voy a contarte lo que esto significa y es posible que sea diferente de lo que te han dicho.

¿Son los judíos "el pueblo elegido"? Ciertamente lo son, pero ¿elegidos para qué? No es lo que se te ha dicho; los judíos fueron escogidos para darle a la Tierra algo que no tenía. Y lo hicieron y sucedió justo aquí, en esta región. Los judíos unieron las filosofías de este planeta y encontraron al Dios único y fueron ellos los elegidos para esta tarea. En este momento el planeta Tierra es monoteísta. Esto se debe a lo que ocurrió en esta región. Quiero que pienses en esto por un momento y en los cambios a los que se dio lugar debido a esto.

Entonces, los judíos le dieron a la Tierra el principio divino del Dios único y esto se diseminó por todo el globo. Ellos han pagado por esto de muchas maneras, lo mismo que otros de la región. Déjame preguntarte, ¿de dónde eres? ¿En qué creían tus padres? ¿Qué creías tú? ¿Hay muchos Dioses o solo uno? En todas las tierras de las que habéis venido (hablándole a los 300 asistentes) hay sin duda la creencia en un solo Dios. Y eso es así debido a lo que sucedió en esta región.

Entonces, "Los elegidos" fueron escogidos para darle al planeta una unidad de la cual continúa gozando y en la cual continúa creyendo hasta el día de hoy. Esta unidad es la unidad del Espíritu. Hablo desde la Fuente Creadora a una Tierra que es monoteísta debido a los eventos que sucedieron en este lugar. El linaje de Abraham es lo que estamos celebrando, un linaje que se volvió realmente el linaje espiritual del planeta y de eso es de lo que quiero hablarte – quizás de una manera un poquito diferente a lo que tú piensas.

Con este mensaje llegó la contienda entre todos los de esta área y ha durado años y años – incluso hasta hoy en día. Hay guerras religiosas en torno a cómo debería ser adorado este Dios único y a quién favorecería este Dios único. Este tipo de alegatos se volvieron un problema. Los judíos fueron escogidos para darle a la Tierra un principio unificador, a pesar de que eso agitó la olla de la espiritualidad Humana.

Esta unidad dada en ese entonces, tiene ahora la oportunidad de expandirse y madurar. Esto recae de nuevo sobre los Elegidos y me vais a escuchar hablar más al respecto cuando sea el momento adecuado. Aquellos que escuchan (y leen) ahora, pueden comprender lo que esto significa en este momento de la historia. Se profetizó que la nueva energía que llegaría después de 2012 crearía un nuevo tipo de unidad entre los Humanos. Tomará un tiempo el crecer y madurar dentro de esta nueva energía y lograr que los sistemas de creencias tomen forma en medio de ésta.

Pero a los Elegidos, al linaje de Abraham, se le encargará la tarea de crear "el resto de la historia". Ellos serán los que crearán unidad dentro de su tierra con sus enemigos de adentro y de afuera de sus fronteras. De nuevo, le darán a este planeta algo que se necesita. ¿Quiénes mejor para hacer esto que aquellos que nos dieron el Dios Único? Son ellos quienes deben hacerlo. Están listos para eso. Ellos deben unir a aquellos a su alrededor para que haya una verdadera Paz en la Tierra. ¿Cómo puede lograrse esto? ¿Cómo puede alguien cambiar las cosas que se ven aquí? ¿Cómo ocuparse de los muros que hay aquí, las diferencias, las frustraciones, la historia?

Llegará un día, queridos míos, cuando esta tierra que ha sido la misma por miles de años, saldrá de esa monotonía y veréis avances de la conciencia. Serán pequeñas pero verás el comienzo de la compasión del uno por el otro y aunque pequeña, crecerá. Se hará realidad la idea de fronteras abiertas puesto que habrá confianza, algo que nunca hubo antes. ¿Cuándo? ¿Cuál será el catalizador para esto? ¿Cómo puede cambiar? Esas repuestas llegarán parcialmente porque vosotros estáis aquí, queridos míos. Esta semana estáis plantando las semillas de una nueva conciencia. Ciertamente, estáis aprendiendo sobre los Elegidos – no sobre lo que hicieron sino sobre aquello para lo cual fueron elegidos.

Esta es la nueva tarea de los israelíes y de los israelitas – nuevos y viejos y es lo que hemos venido diciendo durante veintiséis años. Estamos aquí ahora y de nuevo hacemos la siguiente declaración en esta nueva energía: "Como van los judíos va la Tierra". Escucha esto. ¿Qué vas a hacer con esto? Quiero que lleves este mensaje a casa y a cada persona con quién te encuentres en esta tierra. Quiero que lleves a estas personas en tu corazón y que las honres por la tarea que deben acometer. Quiero que recuerdes los rostros. Quiero que recuerdes las ceremonias. Es posible que no sea lo que creías que ibas a ver aquí o lo que tú escogerías para tu propio camino espiritual pero quiero que recuerdes la compasión que ellos tienen por su Dios. Queridos míos, esto va a comenzar a cambiar hacia una compasión que ellos tendrán por la humanidad y por su Dios.

Dios está dentro de ti. Esta es la letra E.

Y así es.

La letra A (ASIMILACION)

Dada en Masada – jueves en la mañana, 1 de octubre, 2015
Saludos, queridos míos, soy Kryon del Servicio Magnético. Yo sé dónde estoy y para aquellos que están escuchando, estamos en Masada, Israel. Si no sabes lo que históricamente ocurrió aquí, deberías averiguarlo. Porque Masada tiene una historia profunda para los judíos de esta tierra. Es más que profundo puesto que establece la actitud de la civilización que vive aquí. Voy a revelar

algunas cosas aquí. Algunas serán polémicas y otras podrán no concordar con lo que los historiadores han dicho.

Hoy vamos a examinar la letra "A" y ésta representará el concepto "Asimilación". Antes de hacerlo, volveré a hacer de nuevo lo que he hecho a menudo: revelar cosas específicas y profundas de la historia. Todo lo que puedes hacer es leer sobre ello puesto que ninguno de vosotros estuvo allí. ¡El Espíritu sí estuvo! Vimos a la humanidad en medio de una energía baja de supervivencia y observamos a los judíos aquí mismo. En el pasado yo he revelado información que ha sido polémica. Lo hice en Bolivia hace poco, en un lugar histórico de miles de años de antigüedad. Aquellos que excavaban no podían entender porqué encontraban artefactos que no pertenecían a ese lugar. Hicieron suposiciones total y completamente erradas y en mi mensaje canalizado les recordé que sin importar cuál era la sociedad ni que tan antigua era, siempre tenían museos propios. ¡Los arqueólogos habían encontrado el sitio histórico de un museo! Allí ellos encontraron cosas de otros lugares. Esto es típico de cualquier museo en cualquier parte. Incluso los antiguos honraban a sus ancestros y su pasado. Deja que aquellos que estudian la arqueología se den cuenta que no todo es como parece simplemente por el hecho de estar en una capa o estrato del suelo de la tierra. Aquí también, no todo es como parece.

Masada

Oh, los relatos son precisos y lo básico de este lugar histórico es bien conocido. Aquí hubo héroes, mucho valor y asimilación. Déjame contarte lo que sucedió – un relato dentro del relato. Lo adicional que deberías conocer de esta gran historia, realzará la historia conocida. Le dará gloria y un esplendor que probablemente no alcanzas a apreciar: estos judíos que estaban en la cima de esta montaña sabían algo: habían asimilado la verdad del linaje de

Abraham. Sabían del Dios único y conocían su propia historia. Sabían del Dios único al cual se le podía hablar y de quién podían recibir mandamientos. Conocían la realidad de lo que ocurre después de la vida – lo sabían. Los romanos no tenían nada. Esto fue antes de que el planeta fuera monoteísta. ¡Los romanos tenían su Dios y era un Humano disfuncional! Los romanos no sabían lo que los israelitas sabían.

Quiero que pienses por un momento en cómo te afectaría si hubieras tenido que hacer las elecciones que fueron hechas en la cima de esta montaña. Quiero que sepas algo: los diez que quedaron después de que tuvieron que matar a sus propias familias, no estaban afligidos. Oh, estaban meditabundos por lo que había sucedido pero conocían lo que seguía para ellos y para sus seres amados que habían sido asesinados. Ellos eran judíos con el linaje de Abraham. Ellos habían asimilado la verdad y ésta resonaba en cada célula de sus cuerpos.

Quiero decirte algo que honra pero puede ser polémico. La decisión que se tomó aquí de que todos deberían perecer, fue una decisión tomada por los guerreros no por las mujeres o los niños. Mientras se daban las reuniones finales solo de hombres, las mujeres y los niños no tenían idea de lo que seguiría ni de cuáles eran los planes. Como siempre, habían recurrido a sus líderes para que ellos definieran cuál sería la estrategia a seguir. Los hombres que eran combatientes, salieron de esa reunión decisiva final habiendo ya decidido el momento de la muerte de sus familias. Sería rápido y sin generar ansiedad. Se daría en toda la cima de la montaña al mismo tiempo, antes del atardecer. El enorme ejército romano que había acampado durante meses debajo de ellos, había construido una rampa y estaba a punto de traspasar los muros de la ciudad.

Cada hombre mataría primero a su esposa por sorpresa. Ella no sentiría lo que estaba por suceder. Lo hicieron con puñal para que la mujer no tuviese idea de que los niños seguirían después. ¿Comprendes esto? Hubo honor en su sistema. Solo habría dolor durante uno o dos segundos y luego estarían con el Dios único. Los hombres lo sabían. Ellos habían asimilado la verdad básica de la vida y de la muerte y de la gloria de Dios. No fue un sacrificio doloroso para ellos porque los diez sabían que pronto también ellos estarían con sus familias. Esta era la manera como habían asimilado la verdad del Dios único y de la vida después de la muerte.

Piensa en ello. A pesar de que puede haber sido doloroso para sus corazones en ese momento, había alegría en la decisión. No habría esclavitud ni sufrimiento impuesto por los soldados romanos que estaban a punto de irrumpir en la comunidad. No habría violaciones de sus preciosas esposas y las mujeres no sabrían nunca lo de los niños...nunca. Los niños serían los siguientes: rápidamente pues siendo guerreros ellos sabían cómo hacerlo muy rápido. Y si, había dolor en sus corazones pero no se escuchaban gemidos en las casas tal como quizás te lo mostrarían en el cine. Fue hecho con honor y en silencio. Había serenidad pues conocían el amor de Dios y el linaje de Abraham – y los romanos no tuvieron ni un indicio de lo que ocurría. Los diez hombres que quedaron comenzaron a ocuparse el uno del otro, de la misma manera...hasta el final.

Cuando los romanos llegaron, el olor de la victoria se les escapó. No tenían idea de que esto podría suceder. Fue asombroso para ellos ver cuántos habían decidido estar con el Dios único en lugar de ser presos por los soldados. Lo que no sabes es que muchos de los soldados romanos lloraron cuando nadie los estaba mirando. Porque de alguna manera supieron que no habían ganado nada y que en cambio sí se habían perdido algo profundo en sus propias vidas.

Esto es lo que ocurrió aquí y puedes tomar esta información y llorar. Puedes sentir pena por el aspecto tridimensional de todo esto pero quiero que en este momento te relajes en los brazos del Espíritu y veas la belleza del plan. Quiero que veas el honor con el que fue llevado a cabo y el amor de Dios que todos ellos experimentaron en esta muerte rápida. Quiero que veas este lugar de una manera diferente a como tal vez lo viste antes de conocer esta historia.

Eso es suficiente por ahora. Asimilación. ¿Puedes asimilar tu creencia tanto como ellos lo hicieron? ¡Oh, los del planeta monoteísta de nuevo yo lo digo, aquí comenzó!

Y así es.

La letra R (RECORDAR)

Dada en Mitzpe Gilgal – jueves en la tarde, 1 de Octubre, 2015

Saludos queridos míos, soy Kryon del Servicio Magnético. Hemos esperado mucho tiempo para daros esta canalización y por más de dos décadas hemos hablado sobre esto en porciones y fragmentos. Ahora estamos en un lugar en el cual podemos honrarlo de una manera diferente.

La letra para esta canalización es la "R" y representa el concepto "RECORDAR". Ahora, si no estuviste aquí cuando el profeta Elías ascendió, ¿cómo podrías recordar eso? La respuesta es que todos vosotros tenéis una profunda historia Humana dentro del Akasha. Ahora, no hemos dicho esto antes así. El Akasha Humano es muy complejo y está relacionado e interrelacionado con otros Humanos, otras almas y con el tiempo mismo. Podrías decir que hay capas de memoria akáshica. Hay memoria del alma individual y hay memoria planetaria – un atributo que se relacionaría con la energía de Gaia.

Algunos de vosotros habéis comenzado a despertar al potencial de que podríais haber estado en esta área en el pasado. No todos vosotros pero siempre ocurre cuando traemos mucha gente a un área o un lugar que tiene esta energía. Hay un recuerdo resonante con una energía pasada y muchos podrán sentirlo. Quiero que todos recordéis algo que ocurrió muy cerca de aquí y vamos a hablar de Elías de nuevo. Por dos décadas he estado hablando de Elías y no debido a su linaje judío. Más bien es por la lección que él le dio al planeta sobre el Dios único.

Imagina por un momento lo que sucedió aquí. De todas las veces que he hablado de esta historia, hoy es más real que nunca antes. Porque ahora estás en esa tierra muy cercana del lugar donde ocurrió la ascensión. Piensa por un momento en un Maestro muy sabio. Elías hizo muchas cosas grandes y sin duda alguna era sabio y Dios lo conocía. El hombre que era su pupilo y que algún día tomaría su manto se llamaba Eliseo. Utilizamos la palabra manto para representar todo lo que Elías era – su conocimiento y su sabiduría. Piensa en ello como si fuera una capa o una chaqueta que uno se quitara para ponérsela a otro Humano cuando pasa al otro lado. Encontrarás esta historia completa en el Viejo Testamento contando el evento que ocurrió no muy lejos de aquí. Podrías decir que las Sagradas Escrituras frecuentemente son la historia de un pueblo. La historia está en esa escritura que tú llamarías el segundo libro de los Reyes y es un relato que es muy conocido a través de Kryon.

Elías sabía que su tiempo había llegado pero con el nivel de vibración que tenía - como Maestro - también sabía que no pasaría por la muerte. Podrías preguntarte, *"¿Son estas cosas precisas y verdaderas? Porque no hay ningún registro de que otro Humano haya hecho esto desde Elías".* La verdadera respuesta es que sí ha ocurrido más no registrado. Frecuentemente llegamos a este tipo de enseñanzas sobre esos tiempos tempranos y explicamos que en esas épocas hubo Maestros en este planeta que vibraban mucho, mucho más alto de lo que tú haces ahora. Es por esta razón que eran vistos como Maestros. Algunos de ellos tuvieron vidas muy largas debido a ello. Eso lideró el camino hacia quién ahora llamas el Cristo Maestro - quién también era del linaje de Abraham.

Se necesitaba que en estas tierras hubiera Maestros con esta alta vibración. Tenía que ser así porque ellos eran ejemplos de un Dios amoroso que se comunica, que es real y se interesa por cada alma. Esto era tan diferente de lo que la humanidad pensaba en esa época. Los Humanos frecuentemente creían en muchos dioses. Y tal como te lo hemos dicho, fueron los judíos los que trajeron el mensaje del monoteísmo al planeta.

Elías fue uno de esos maestros y vibraba en un nivel muy alto. Él sabía que podía controlar la hora de su partida de la Tierra y supo cuándo había llegado el momento de irse. Lo supo con la suficiente anticipación para decirle a Eliseo que se preparara para observarlo y para escribir lo que viera. He contado esta historia muchas veces y es correcta y verdadera. Sin embargo, también involucra a la naturaleza Humana, a la percepción Humana y una verdad que enseñamos y que Elías nos mostró a través de lo que Eliseo vio.

Llegó el momento y Elías le dijo a Eliseo que se preparara para decirle adiós y para observar este proceso y escribirlo. Elías le dijo: *"He escogido la hora de mi partida y voy a ascender".* Tal como dice la historia, Elías literalmente caminó sobre el barro de la tierra y ascendió. Es la misma tierra sobre la cual estás parado ahora, la misma sobre la cual te sientas. Esa tierra está aquí todavía hoy en día. ¡Piénsalo! ¡Estás aquí donde esto sucedió!

Mientras Elías estuvo ahí parado, algo milagroso sucedió: comenzó a transformarse y a prepararse para ascender. En este punto generalmente surge una pregunta: *"¿En qué momento bajó Dios a recoger a Elías? ¿Fue ahí?"* La respuesta es no. Entonces continuamos: de acuerdo a los escritos de Eliseo, observó con ojos muy abiertos mientras cosas multidimensionales tenían lugar frente a él — multidimensionales porque lo que vio no estaba en 3D. Es así como los Humanos ven o perciben una energía divina. Incluso la zarza ardiente de la historia de Moisés, fue una manifestación de la percepción Humana tridimensional. Era una zarza en llamas pero no se consumía. Pero era más que una zarza. Algunos dicen que tenía una forma o voz angelical pero no fue algo en 3D.

La transformación comenzó y creo que ni siquiera Eliseo supo la significación de lo que vio. Pero lo observó y lo absorbió todo. Lo primero que vio fue luz. Una luz tan brillante como él jamás había visto y que de hecho le lastimaba los ojos. La luz estaba alrededor de Elías sobre el suelo en el cual estaba parado.

Pregunta (por segunda vez): *"¿Es este el momento en que Dios bajó a llevarse a Elías?"* La respuesta es no. La historia continúa y con su percepción, Eliseo comenzó a ver formas y cosas que ahora podemos decirte tienen un significado numerológico. Una de las cosas que él vio fue una rueda. No solamente vio una rueda. Vio una rueda dentro de una rueda. Esto fue su percepción multidimensional porque no había rueda pero se le estaba mostrando a Eliseo para que él lo comprendiera más tarde.

Es importante decirte que Ezequiel, el profeta de la historia judía, también vio una rueda y por las mismas razones. De hecho, el que Eliseo hubiera visto la rueda, no es un evento muy conocido ni está en todos los relatos. Sin embargo, yo estuve ahí. El significado: el círculo o la forma del círculo, es la forma perfecta y lo encontrarás en toda la historia espiritual. Es también la forma del halo. El círculo más grande que vio representaba la pureza y el amor interminable de Dios. No hay un inicio ni un final en un círculo perfecto. Pero Eliseo vio dos círculos. Uno dentro del otro. El de adentro representaba el alma de los Seres Humanos y era un círculo sin comienzo y sin final – tal como es tu alma.

Ligeramente más pequeño que el grande que lo rodeaba, el círculo interior se volvió uno con el más grande. Uno con el otro, esta unidad singular comenzó a transformarse en algo diferente y Eliseo dijo que parecía un carruaje con ruedas. Era la ilusión de un carruaje tirado por tres caballos blancos. Debes entender la numerología del tres. El tres, en los tiempos antiguos, representaba una energía catalítica. Un catalizador es algo que hace cambiar las cosas a su alrededor. Tres caballos y un carruaje significaban que Elías estaba a punto de cabalgar hacia algún lugar. Eliseo le dio un nombre al carruaje dentro del cual estaba Elías – Merkaba. Eso en hebreo, para que toda la humanidad comprendiera. Con la ascensión de Elías, Eliseo estaba identificando la "huella" sagrada espiritual del Ser Humano – la multidimensionalidad de lo sagrado del Ser Humano visto en 3D. Estaba viendo las partes sagradas de Elías desdoblándose ante sus ojos.

Por tercera vez preguntaré: ¿es ya tiempo para que el Dios todopoderoso, el Creador del universo, finalmente baje y se lo lleve? ¡Y la respuesta es no porque lo que Eliseo vio a continuación fue que el carruaje y todo lo que estaba con él, ascendió todo junto! Vio como su maestro Elías desapareció en el cielo. Por lo tanto la lección final y la más importante, la que he estado dándote por más de veinte años, es que tú eres Dios. ¡Dios no tenía que bajar a llevarse a Elías porque Dios estaba en Elías! La energía que Elías tenía era lo suficientemente fuerte y sagrada para llevárselo a los cielos.

Sois vosotros en vosotros, queridos míos. La energía del Creador está adentro. No es lo que Dios hace para ti o contigo o a ti. ¡Tienes a Dios adentro! Tu ascensión, ese momento de la muerte de cada Ser Humano, es lo mismo. Te vas por ti mismo y asciendes por ti mismo. Esta fue la lección más grande del maestro Elías y fue dada no muy lejos de aquí. Toda la idea del Merkaba fue desplegada y se expuso la numerología del alma Humana.

El tres es una representación del hecho de que el alma regresa. Siempre está cambiando. No se va a algún lugar para quedarse allá, no más de lo que lo hace tu relación con Dios. Siempre está cambiando. Tu relación espiritual cambia a medida que tú cambias. El Dios de Abraham es el mismo de hoy en día y es la misma energía pero la relación que Dios tenía con Abraham es muy diferente de la que tú tienes hoy con Dios. ¡Este es el cambio! Este es el catalizador y el tres representado por los caballos que tiraban del Merkaba.

He esperado mucho tiempo para estar con vosotros donde todo esto ocurrió y para revelaros finalmente algunas de las hermosas metáforas que Elías expuso. Eliseo lo escribió con mucha claridad y por eso pudimos daros esta información tantos años después de que se dieron los hechos. Siéntate y honra esta historia porque sucedió no muy lejos de aquí. El mismo Dios, el mismo barro de la tierra, el mismo lugar. Piensa en estas cosas; es bellísimo.

Y así es.

La letra S Soul (Alma)

Dada en el Mar de Galilea – viernes en la mañana, 2 de octubre, 2015

Saludos queridos míos, soy Kryon del Servicio Magnético.

Para quienes están escuchando (y leyendo), estamos aquí reunidos, flotando sobre el Mar de Galilea. Es un lugar bellísimo lleno de ese tipo de historia que hay en toda esta región. Ciertamente parece que uno no puede dar un paso en esta tierra sin encontrarse en algún tipo de lugar histórico.

Tantos Maestros caminaron por aquí y todos ellos enseñaron sobre el Dios único. Nos has escuchado hablar de esto una y otra vez. En este mensaje tenemos una letra para ti y también una enseñanza. Oh si, será muy controvertible. La letra es la "S" y representará "Alma" (*Soul* en inglés).

Vamos a revelar algunas cosas de las que no hemos hablado antes. Por muchos años hemos esperado para dar esta información en el lugar en que sucedió. Hay otro atributo que está presente aquí: ninguno de vosotros está ahora parado sobre tierra firme [refiriéndose al hecho de ser sobre el agua]. Esto crea algo diferente para tu percepción, tu conciencia de espiritualidad e incluso para esta enseñanza. Muchas cosas suceden sobre el agua. Observa eso que llamas escrituras: ¿cuántas cosas ocurrieron sobre el agua? Muchas. Y esto no es solo una metáfora porque cuando estás flotando no estás conectado (tocando) con la tierra. Entonces debido a esas diferencias vamos a enseñar ahora cosas sobre el alma.

El alma es quizás uno de los temas más complejos que podemos discutir. Primero no es lineal. Lo que quiero decir con esto es lo siguiente: una mente lineal como la del Humano tiende a tener un proceso de pensamiento que funciona en línea recta. La lógica es así, la supervivencia es así, los negocios son así. Vives tu vida día a día con una conciencia que es en su mayor parte lineal. Cuando te vuelves ligeramente multidimensional es cuando comienzas a tener ese tipo de visiones metafóricas no lineales como aquellas que estás estudiando en esta tierra. El alma es una parte multidimensional del Ser Humano. Lleva consigo el pedazo de Dios que literalmente es la esencia de Dios. En el alma también están los atributos del registro akáshico de cada Ser Humano. Cuando tu cuerpo muere, el alma deja el cuerpo físico. Pasas de ser parcialmente multidimensional y parcialmente 3D a ser completamente multidimensional. Pudiste ver eso en nuestro mensaje relacionado con Elías. Ahora es en esto en lo que hay variación en muchos sistemas de creencia. Algunos sistemas conciben al alma como una parte que nunca regresa al planeta. Para otros, el alma va a un juicio y en ese juicio es enviada a un lugar y de allí pasa a otro y a veces a otro, casi como una escalera de castigos o de recompensas. ¿Pero cuál fue la intuición Humana original sobre Dios en los sistemas espirituales organizados del planeta? Antes de que hubiera doctrinas y estructura y reglas ¿cuál era el pensamiento intuitivo original? Estamos refiriéndonos a "la prístina y primera intuición Humana" con respecto al Creador.

Retrocedamos más de 9.000 años. ¿Cuál fue el pensamiento inicial? En una época en que había muchos dioses potenciales - un tiempo anterior a cuando los judíos le dieron a la Tierra el monoteísmo con un bellísimo Creador único - ¿cuál era el pensamiento original sobre el alma? Los hinduistas y los budistas estarán en desacuerdo sobre quienes lo dijeron primero. Pero ambos grupos creían esto: el alma es para siempre y viene y se va de este planeta, en un círculo. Sentían que había una razón para esto – un sistema – e incluso es posible que lo hayan llamado "lecciones". Enseñaban que entre más visitaran los Seres Humanos el planeta a través de la reencarnación del alma, más aprenderían. Sentían que cuando el Humano regresara de nuevo, tendría algo llamado energía de vidas pasadas o karma y continuaría en un camino que frecuentemente dura eones y eones. Queridos míos, ¡lo que estáis escuchando ahora es simplemente el regreso a esa creencia original! Así es como es. Los cambios que se dieron desde ese entonces son debidos a los hombres, no es un cambio en el plan de Dios.

La mayoría de vosotros sentís que habéis vivido antes. Algunos incluso se sienten relacionados con el barro del planeta mientras caminan por estas tierras. No estás en este momento pisando tierra y por lo tanto puedes sentirlo diferente. El agua es una energía reflexiva y ya es tiempo de que reflexiones en quién has sido. Esta es la razón por la cual damos esta lección: hay varias cosas que queremos decirte sobre el alma de las que te hemos hablado antes pero hay algo que nunca antes te hemos dicho.

El alma lleva consigo el Akasha (registro de vidas pasadas). Cuando regresas al planeta, el Akasha viene contigo - es recogido al llegar aquí -. Sin importar cuál cultura, sin importar quién eres tú y sin importar qué género has sido, el registro de vidas pasadas en el Akasha es parte de ti. Hemos dicho antes que esto es algo complejo porque no es tan solo tu linaje químico. Por ejemplo, puedes tener un linaje químico de tus padres y al mismo tiempo otro linaje akáshico de otra tierra. No vamos a elaborar en esto porque es un enigma para la mente lógica. En cambio, vamos a fijar la atención en algo más: tu alma que está dentro de ti, siempre está conectada con Dios. Ayer hablamos de Elías. Al estudiar su ascensión tuviste una revelación de la grandeza de su alma. Eliseo reportó haber visto unas formas y figuras y nosotros te hablamos al respecto. También te dijimos que el profeta Ezequiel vio las mismas formas y figuras de nuevo, más tarde. Estas formas y figuras son comunes y significan lo mismo: están en un círculo y representan la pureza del alma y el círculo del regreso.

Hace veintiséis años hicimos una declaración. La declaración es polémica. No fue comprendida en ese entonces y tampoco ha sido comprendida hoy en día. Es esto: el alma del judío puro solamente reencarna como judío. Ahora, muchos dirán, *"eso es solo lo que dice Kryon. No puede ser verdad"*. Déjame revelar algo: ¡el alma del judío solo reencarna como judío! Es la única cultura, el único linaje que tiene este atributo – y voy a explicarte cómo funciona.

Si tienes un linaje puro, es decir un Akasha judío en cada célula, es porque has reencarnado una y otra vez como judío. No hay ningún otro grupo ya sea una cultura, una raza o una creencia que tenga el atributo de este Akasha puro. Cuando dijimos esta verdad por primera vez, muchos se alejaron de Kryon. Muchos dijeron, *"esto no puede ser así porque no hay una razón para ello"*. ¡Oh sí la hay!

Quiero que utilices tu lógica espiritual conmigo por un momento. Suelta tus sesgos y tu pensamiento lineal. Utiliza la misma lógica de los hinduistas. Si llegas a cualquier tipo de escuela y aprendes y aprendes, comienzas a subir por la escalera del conocimiento y de la retención de madurez y de experiencia. Entre más tiempo asistas a la misma escuela y al mismo curso, más competente te vuelves en lo que estás aprendiendo. ¡Los judíos tenían que tener este linaje para poder traer al mundo el Dios monoteísta! Esto es lo que les permitió conservar los mismos atributos en el Akasha.

Cuando nacieran de nuevo en la Tierra, su conciencia literalmente, despertaría y diría *"aquí estoy de nuevo"*. Es el mismo idioma, la misma cultura, las mismas leyes, las mismas reglas, una y otra y otra vez. Se volvieron muy buenos en lo que hacían. ¿Hay acaso alguna duda de porqué hay billones y billones de personas en este planeta que tienen un sistema de creencia que nació aquí? (judíos – cristianos - musulmanes). Se necesitaba un tipo especial de Humanos en un grupo especial para que unieran y organizaran todo y le dieran esta información al planeta de la manera como lo hicieron. Esto también los aisló y ha hecho que sean percibidos como diferentes por muchas culturas. Ellos han pagado un precio por ser diferente pero son buenos en lo que hacen. ¿Es acaso inapropiado que observes y veas lo que es obvio en todo el planeta? Los judíos manejan las más grandes organizaciones de negocios. Ellos saben lo que están haciendo. Han estado ahí, lo han hecho antes y reencarnan de nuevo y aprenden aún más. Si quisiéramos decir algo inapropiado, ¡son ellos los que pusieron el prefijo "jew" en la palabra jewelry (joyería)! ¡Ellos también controlan eso! Puedes cerrar los ojos e ignorar esto si quieres. Puedes resentir el hecho de que sean tan buenos en todo eso, pero no puedes ignorar la verdad: ellos como ningún otro grupo, saben lo que están haciendo en la Tierra. ¿Quizás ahora te das cuenta de porqué los judíos fundamentalistas deben casarse solo con personas de linaje judío puro? ¡Esta verdad está en su ADN!

Ahora ya puedes comprender porque éste ha sido el único linaje en el planeta que ha tenido el fantasma del genocidio o de la esclavitud en masa. Desde los antiguos egipcios hasta las guerras modernas, se pensaba que si se podía detener el linaje judío, se podría parar ese plan mayor del Dios único – y eventualmente paz en la Tierra. El prejuicio se mantiene vivo y a la vieja y oscura energía que todavía hay en este planeta le encantaría detenerlo todo.

Ahora, esto es lo que nunca antes he dicho con respecto al alma del judío: se requiere un tipo especial de Ser Humano akáshico para crear paz en la Tierra. El cambio de energía que se esperaba ya está aquí. Afecta a toda la humanidad. Afecta la conciencia. La precesión de los equinoccios no fue tan solo una fecha. El calendario maya estaba correcto: una nueva energía está sobre vosotros. Los nodos y nulos están entregando nueva información al planeta en este momento. La conciencia está comenzando a cambiar y lo verás primero en la gente joven; queridos míos, los judíos jóvenes son diferentes. Ellos tienen un Akasha puro y el haber pasado miles y miles de vidas en la misma cultura les ha dado algo nuevo en esta nueva energía.

La misma madurez akáshica de los judíos que unió al planeta y le enseñó a la humanidad sobre el Dios único, es el mismo atributo y talento que debe organizar a la humanidad para la paz.

¡Esta es la tarea de ellos! Parece increíble, mientras miras a tu alrededor que algo así pueda salir de aquí. Hay tanta diversidad, tanta frustración y tantos sistemas de creencia. Es por esto que necesitan lo que tienen – la habilidad para hacer múltiples tareas, para organizar, para aunar esfuerzos. ¡Va a salir de aquí!

Esta es la profecía que os doy en el día de hoy: no hay otro grupo que pueda hacer esto. Comenzó aquí y va a continuar con una solución que se dará aquí. ¡Lo verás! Las personas preguntarán *"¿Kryon, va a ocurrir mientras estoy vivo?"* ¡Claro que estarás pero tal vez no será en esta actual vida física – pero si estarás aquí! Sin embargo, ya está comenzando a darse. Observa las redes sociales. Los enemigos que rodean a Israel están comenzando a cambiar, no las personas adultas pero si los niños. La gente joven va a comenzar a crear un nuevo tipo de asociación entre países. Utilizo una palabra diferente porque los paradigmas de la paz comenzarán a cambiar con nuevas ideas relativas a lo que puede ocurrir. ¿Cómo puedes unir tantas cosas que son tan desiguales en tantos aspectos? Tú estás ahí y dices, *"¡Imposible, no puede lograrse! ¡Lo hemos tratado de hacer por años!"* ¿Cuántas veces has visto en la historia cosas que parecían imposibles de cambiar y lo hacen debido a un cambio de pensamiento? El Akasha dirigirá el camino. Ya es tiempo. La gente joven lo hará liderada por judíos que sabrán intuitivamente como unir cosas que no podían unirse antes.

Este es el mensaje de hoy, mientras flotas sobre el Mar de Galilea.

Y así es.

La letra I (I AM THAT I AM – YO SOY EL QUE SOY)

Dada en el Monte de las Bienaventuranzas – viernes en la tarde, 2 de octubre 2015

Saludos queridos míos, soy Kryon del Servicio Magnético. Estamos en el Monte de las Bienaventuranzas. Puede que estéis escuchando el viento que sopla como ruido de fondo. Es un hermoso final de un día poderoso y los árboles cantan de alegría por estar aquí. Mucho ha sido dicho aún antes de comenzar sobre las bienaventuranzas del Ser Humano y las cosas y conceptos que presentamos hoy aquí son modernos. La verdad de estos conceptos está viva hoy en día.

Esta canalización no va a ser larga. No tiene mucha información y ésta ni siquiera es muy nueva. En cambio, solo queremos que la sientas. Hay energía que está siendo entregada a todos vosotros en este momento. El tipo de energía depende de la actitud del receptor. ¿Significa algo para ti este lugar? ¿Cuándo te vayas de este lugar, serás diferente de alguna manera? ¿Es simplemente el final de otro día del tour o hay algo más? Estamos hablando de lo que sucedió aquí o metafóricamente aquí. Pero no es de eso de lo que trata esta canalización.

Vamos a examinar brevemente otra letra. Es la letra "I". Es la última letra de una palabra y la palabra ha sido completada. En las trece canalizaciones de este tour, habrá tres palabras y la "I" que queremos examinar ahora, es parte de un enunciado. Este es el enunciado: "I AM THAT I AM - YO SOY EL QUE SOY". Cuando mi socio escuchó esto por primera vez cuando era niño, le preguntó a su madre, "¿Es eso inglés?" No tiene sentido en inglés porque a la palabra AM (SOY) normalmente le sigue algo – una condición: Yo soy feliz, yo soy amable, yo soy alegre. Pero YO SOY EL QUE SOY no parece tener sentido.

Mientras mi socio crecía y se convertía en un adulto, escuchaba esta frase una y otra vez en los círculos espirituales pero seguía sin entender. Ahora siendo ya un adulto, su hijo le preguntó, *"¿Papá, qué significa eso?"* Por supuesto, él juntó todo lo que sabía y dio la respuesta: *"Dios trabaja con palabras misteriosas"* [Risa]. Queridos míos, naturalmente esto significa más en el idioma en el cual fue expresado por primera vez. Hay palabras y conceptos en otros idiomas que no existen en el lenguaje de mi socio ni en el de vosotros. Entonces, en estos breves instantes, quiero revelar lo que significa.

Primero, hablemos de las dos palabras "YO SOY". Estas dos palabras juntas significan algo. Entonces al agruparlas debes comprender que la primera vez que se dicen representan al Humano y la segunda vez, son una condición y su significado es Dios. Algunos de vosotros de hecho habéis escuchado la expresión, "el gran YO SOY". Es una frase que significa la grandeza de Dios. - Es el nombre personal de Dios en el Antiguo Testamento (Éxodo 3:13-14) -. Es la grandeza del Espíritu y cuando este concepto fue presentado por primera vez, era nuevo. Sigue la lógica y escucha.

Si el nombre de Dios es "YO SOY", eso significa que Dios tiene una personalidad, un rostro para ti y que no es tan solo una deidad desapegada – un poder en el cielo que creó el planeta y a los Humanos y al que no le importa (desinteresado). El concepto del YO SOY sería entonces el de un Creador que tiene vida, un Creador que tiene personalidad, un Creador que puede decir "YO SOY". Y entonces ¿qué viene con eso? Amor. Está subestimado, está invisible pero se comprende que el YO SOY, el gran YO SOY, es el Dios del amor.

Ahora, si un Ser Humano dijera, YO SOY EL QUE SOY, parecería inapropiado porque el Humano estaría diciendo, YO SOY DIOS. Pero de hecho, tú puedes decir esto con toda propiedad y sentirlo de una manera no egotista. Retrocedamos a la parte inicial de este mensaje: el Humano diciendo: "Yo soy…" define lo que el Humano es espiritualmente como el YO SOY. Entonces, realmente es el Humano diciendo, *"Yo soy un Humano y yo soy parte de Dios"*.

Al mirar a tu alrededor, vez el trabajo manual de Dios en todo – en los árboles, en el viento y en ti. Tú estás hecho de los elementos de la Tierra, la cual fue creada por Dios. Tú eres tu propia creación según casi todos los Maestros que caminaron por este planeta quienes te dijeron: *"Hay un pedazo de la divinidad en ti"*. La idea de la dualidad básica es una combinación de lo que es el Humano versus lo que es Dios. Todos los Humanos tienen dualidad. Si tienes dualidad, hay dos aspectos en ella y uno de ellos es Dios dentro de ti.

Esa es la explicación. Entonces, cuando escuches el enunciado YO SOY EL QUE SOY será claro para ti y fácil de comprenderlo. "Yo soy parte de la Fuente Creadora, un pedazo de Dios." Entonces de nuevo te pregunto, *"¿quién eres tú?"* ¿Puedes reivindicar esto? ¿Realmente puedes estar ahí sentado y decir esta frase? Yo sé quién está aquí. Yo sé lo que has traído a este lugar. Pongámonos en modo personal por un momento. Si tú eres un pedazo de la Fuente Creadora, entonces no hay barreras entre nosotros. Yo sé aquello por lo que has pasado y sé porqué algunos de vosotros estáis aquí sentados. Yo sé estas cosas porque he estado contigo porque yo también soy parte de Dios. Tu conciencia es parte de la conciencia que está conectada con el Espíritu. He estado ahí durante tus alegrías y tus lágrimas. Todos somos el YO SOY.

Ahora te pregunto, ¿quién eres realmente? Mientras estás ahí sentado, ¿quién eres tú? ¿Puedes decirlo y sentirlo con orgullo y creyéndolo? YO SOY EL QUE SOY. Y si puedes, dilo ahora.

Sin duda alguna.

Y así es.

La letra N (NUEVA TIERRA, NUEVO HUMANO)

Dada en Mitzpe Shalom (Mirador de la Paz, Alturas del Golán) – Sábado en la mañana (Shabbat, el Sabbath judío), 3 de octubre, 2015

Saludos queridos míos, soy Kryon del Servicio Magnético. Yo sé dónde estoy y en un momento le diremos a todos dónde estamos. La letra de la que vamos a hablar hoy es la letra "N". Va a representar "NUEVA TIERRA, NUEVO HUMANO".

Dejadme explicar algo para aquellos que no están aquí. De nuevo, algunas de las cosas que yo pueda decir aquí parecerían inapropiadas de alguna manera porque vosotros no escucháis este tipo de cosas en las canalizaciones espirituales.

Espiritualmente, los Seres Humanos no pueden vivir en el pasado. Si Dios es realmente Dios entonces Dios está vivo como

Creador, como el YO SOY, ¡no como el YO ERA! El YO SOY significa un Dios del presente no del pasado. Representa a un Dios con información actual, hermosa y amorosa. No es un Dios que está en un libro de hace miles de años. Querido mío, ¡la historia está en un libro! ¡Dios está vivo dentro de ti! Estamos en las alturas del Golán. Por muchas razones, este es un lugar importante para Israel. Si eres uno que se ocupa de cuestiones militares, será muy obvio para ti el porqué este lugar es importante ahora. Desde donde estás sentado, en lo alto, mirando el mar (de Galilea) podrías ver a tus enemigos aproximándose. De esto quiero hablarte.

Durante años y años y años, diversos grupos de personas han estado viniendo a Israel. La principal industria en Israel es el turismo. Decenas de miles de todo el planeta vienen y se van. Muchos quieren ver y gozar de la historia y luego se van. Llevan a casa sus fotografías y los recuerdos de su viaje. Otros vienen por razones espirituales, en grupos de creyentes. Será para ellos una experiencia emocional que nunca olvidarán y la llevarán a casa en sus corazones. Recordarán aquel tiempo en el que vinieron a visitar, ya sea la tierra de Abraham o la tierra de Jesús. Otros vendrán simplemente porque están interesados en la historia. Y hay otros como tú que vienen porque tienen el atributo y la creencia de que su presencia aquí tendrá un impacto en la conciencia de esta tierra y del futuro. De alguna manera, esotéricamente, estáis plantando las semillas de paz que no ha estado aquí en esta nueva energía.

Entonces miremos esta situación en términos prácticos. Hablémosle a un israelí, uno que sea práctico, que haya nacido y crecido aquí y que conozca lo que hay aquí. Este israelí observará los grupos que vienen y van y quizás trabaje con los tours. Incluso verá este grupo en el cual tú estás que reivindica ser uno de cambio de conciencia. Pero cuando te vayas, este israelí pondrá los ojos en blanco, hablará con sus amigos y dirán, *"las cosas nunca cambiarán"*.

Este no es un juicio de ese israelí. Él dice algo real y práctico porque realmente las cosas nunca han cambiado aquí. Generación tras generación tras generación, las cosas no han cambiado. Nadie se lleva bien con nadie en esta tierra. Incluso cuando Moisés estaba caminando por el desierto, ¿sabías que las doce tribus no se llevaban bien unas con las otras? Y antes del desierto, tampoco se llevaban bien. Hoy en día hay un estado. Si no has estado aquí es posible que no lo comprendas pero realmente no es un país; es más bien un estado mental. Es un campo de supervivencia rodeado todavía de antiguos enemigos y con una historia que siempre ha sido problemática.

Los israelíes no son todos judíos. Hay disputas sobre quienes son dueños de la tierra y quienes deberían estar aquí. Judíos y no judíos, todos en un mismo lugar llamándose a sí mismos israelíes hasta en la comunidad judía. Hay tantos sistemas de creencia que los ciudadanos caminan cuidadosamente al lado de los otros. Algunos honran a los otros y algunos no. En todo caso no se agradan unos a otros. Esto es comprensible si miras esa caldera de frustraciones que se agranda cada vez más. Un israelí es cínico y con razón. Los israelíes te miran, observan tu conciencia y tu belleza interior y eso les gusta. Ellos dirán *"las canalizaciones son encantadoras y transmiten paz"*. Después cuando te vas, simplemente dirán, *"Nunca cambiarán las cosas aquí. Incluso mientras el grupo está aquí, hay violencia en Jerusalén"*.

Tienes que comprender porqué hay esta actitud. Un occidental observará esta tierra con una percepción diferente. Ellos tendrán una idea de porqué las cosas funcionan o no funcionan aquí que no tiene nada que ver con la realidad. Ha habido muchas guerras en las Alturas del Golán, incluso hubo una hace un poco más de 40 años. Entonces muchos israelíes dirán *"Es solo cuestión de tiempo y habrá otra y otra y otra"*. Es una forma de vida, un paradigma para esta tierra y aquellos que vienen y van y la visitan por cualquier razón, son simplemente turistas.

Ahora, queridos míos, quiero pasar la página por un momento. Esto es importante.

Por veintiséis años, os he hablado de una energía de cambio de la cual hablaremos más tarde hoy. Durante veintiséis años hemos dicho que este es un lugar importante y que algo sucederá aquí. Muchos israelíes, incluso aquellos que leen a Kryon, levantarán sus cejas y dirán, *"siempre va a ser lo mismo"*.

Me gustaría adentrarme en una discusión metafórica. Os hemos dado este tipo de ejemplos antes y lo haremos de nuevo. A los israelíes les diré esto: "lo único que tenéis para haceros una opinión sobre vuestro futuro y vuestro proceso, es lo que habéis visto en el pasado. Vosotros no sabéis lo que no sabéis." Y quizás hay algo que va a llegar que jamás has visto antes. Entonces, dado que esto nunca se ha presentado en el pasado, no es algo en lo que pensarías. Es algo que no está en tu cerebro como posibilidad.

Piensa por un momento: un hombre tiene una enfermedad. La tiene desde su nacimiento. Su padre la tuvo y su abuelo también. Pareciera venir con su genealogía y es parte de su vida. Está en su sangre, la enfermedad siempre está ahí. El maneja la enfermedad cuidadosamente. Observa sus comidas, los lugares a donde va y lo que dice. Él sabe que la enfermedad puede desencadenarse en cualquier momento. Y cuando sucede, entra en modo de supervivencia y la domina y triunfa y continúa con su vida. Si entrevistaras a este hombre a sus cincuenta años y le dijeras, *"¿Sabías que hay una cura para tu enfermedad?"* - él fruncería el ceño y diría: *"Ya me lo han dicho antes. Pero durante los últimos mil años no ha habido una cura. Viviré con esto y ese soy yo. Yo sé cómo manejarlo. Vete. Aléjate de mi con todos tus pensamientos amorosos y tus curaciones extrañas."* No conoce lo que está llegando. Está estáncado en una realidad que dice *"siempre fue así y siempre será así"*.

Y luego aparece una nueva energía en el planeta. Una nueva tecnología y nuevos pensamientos entran en escena lentamente y la cura aparece. El hombre puede verla y tomar una decisión. *"¿Es real o debo seguir igual? ¿Acaso estoy cómodo con mi enfermedad?"* Lentamente comienza a ver como otros a su alrededor con la misma enfermedad empiezan a curarse, uno a la vez. Pero él no se aplica la cura porque su mentalidad es la de la historia. Tú sabes de qué trata esta metáfora.

No hace mucho tiempo en otro país, te dimos una parábola práctica: se trataba de un planeta que tenía una civilización en la cual la gente no tenía ojos. Era normal para ellos y el relato fue contando que ellos se habían acostumbrado a eso y se sentían bien. Cuando de repente uno de ellos nació con ojos y podía ver, hubo diversas reacciones. Algunos se asombraron y comprendieron que algo nuevo estaba sucediendo. Otros querían matar a esa persona puesto que creían que estaba poseída de nuevos y extraños poderes.

Entonces, te hago esta pregunta de nuevo: si tienes a una persona ciega de nacimiento frente a ti, te reto a que te sientes con ella y le expliques el COLOR. Piensa por un momento. Ellos no saben lo que no saben. ¡Ni siquiera tienen luz! ¿Cómo podrían comprender el espectro del color? Si de alguna manera pudieran comenzar a ver entonces verían y comprenderían el color. ¿Comprendes porqué encuentras tanta resistencia?

De nuevo le digo a la Tierra, a Israel y a los israelíes: vosotros no sabéis lo que no sabéis.

El color está llegando.

Y así es.

La letra I (INTO THE FUTURE – HACIA EL FUTURO)

Dada en la Fortaleza Nimrod (Monte Hermon) – sábado en la tarde, 3 de octubre, 2015

Saludos queridos míos, soy Kryon del Servicio Magnético.

De nuevo, mi socio se hace a un lado. Si no has escuchado esta frase antes, es la descripción de su tipo de canalización: él está aquí pero no está participando. Para él, ésta no es una experiencia por fuera del cuerpo porque él todavía está aquí. Sabe lo que se está diciendo utilizando su conciencia, su cultura y su idioma. Lo recuerda todo. Este es el acuerdo que hemos tenido desde el comienzo. No es una posesión. En cambio es una bellísima fusión que ha logrado hacer entre lo que es su Yo Superior y su yo Humano. Yo entro a través de ese portal llamado la pineal – la ventana de su alma – y utilizo su Yo Superior como un conducto para canalizar.

Para aquellos que no están aquí y que están escuchando (y leyendo), estamos en el Monte Hermón, no muy lejos de las Alturas del Golán en Israel. El Monte Hermón es la montaña más alta y desde aquí se puede ver el Líbano y Siria. No muy lejos de aquí hay lo que yo predije para este planeta: un ejército oscuro sin fronteras sin siquiera un idioma en común. Está justo a tiempo, tal como fue predicho para esta época del planeta y será derrotado. (Durante la canalización se escuchan a lo lejos explosiones de bombas rusas en Siria.)

Queremos examinar la letra "I". Esto completará la mitad de tres palabras en este viaje de canalizaciones en Israel. La letra "I" representa "INTO THE FUTURE – HACIA EL FUTURO". Por lo tanto, es una extensión o continuación de la canalización anterior.

Hablamos del futuro del planeta, del futuro de Israel y del futuro de todos vosotros. Hablamos de cosas tales como "comodines" *(wild cards* en inglés) que es una metáfora de "sincronicidad planeada". Hemos utilizado esta terminología antes. De nuevo te decimos, "tú no sabes lo que no sabes". En otras palabras, si hasta ahora no lo has visto, no puedes concebirlo. Los futuristas tratan de hacerlo y aquellos que se especializan en decidir lo que puede ocurrir después, lo harán lo mejor que puedan. Algunos clarividentes también tratan de avanzar hacia ese futuro que nadie conoce... y después miran a su alrededor y dan un reporte. Queridos míos, ¡todos ellos han errado, repetidamente! Es porque ellos no pueden saber lo que nunca antes han visto o conceptualizado.

Hablamos de comodines que están dándose en el planeta. Un comodín es una sincronicidad extrema que cambia los lugares, las personas y al planeta de tal forma que nadie hubiera podido concebirlo. Un verdadero comodín está por fuera de la percepción de aquellos que predicen el futuro. En otras palabras, jamás se esperaría que pudiera ser realidad. Hay varios tipos de comodines y vosotros ya habéis experimentado muchos. Voy a daros algunos ejemplos.

La electricidad que se utiliza hoy en día en el planeta fue inventada por un hombre. Escucha bien porque este es el meollo de esta canalización: el invento de la corriente alterna que es el tipo de electricidad que se utiliza hoy en día, no salió de un comité de científicos. No salió de un grupo de estudios de electricidad en una universidad. No surgió de comités más inteligentes que el resto de la humanidad. En lugar de eso, un hombre llegó a este planeta con un propósito akáshico. Él tenía un alma que fue puesta aquí solo para eso, en el momento y lugar precisos. Hubo límites para todo lo que él quería hacer y se frustró porque no pudo continuar con todo lo que había descubierto y desarrollado. Murió insatisfecho. Nikola Tesla llegó a tiempo y fue un comodín.

Puedes detectar a los comodines porque no se crean a partir de conciencias múltiples (grupos de humanos). Generalmente están completamente solos. Se presentan generalmente como humanos excepcionales en un evento inesperado. Algunas veces es un hombre o una mujer o un líder extraordinario con ideas sabias. Algunas veces es un inventor o un artista o un poeta y otras veces es un maestro de la música. Ellos generan su marca tan fuerte y tan completamente que el mundo los recuerda para siempre. Ese es un comodín. ¿Crees que es solo suerte en la genealogía? Eso es gracioso.

Los chinos han estado observando aves y haciendo cometas voladoras por miles de años. Sin embargo, solo hasta hace cien años, dos hombres que fabricaban bicicletas inventaron el vuelo propulsado. ¿No te parece extraño? Ni una universidad ni un grupo de científicos estudiando el problema del vuelo fueron los que crearon lo que ves en el transporte aéreo moderno. No. Dos hermanos con un propósito akáshico, vinieron al planeta en el momento preciso y abrieron las puertas del conocimiento de lo que tienes hoy en día. ¿Comienzas a ver el cuadro? Ahora si estudias su historia, verás que ellos también se frustraron. No pudieron avanzar más allá de la sola idea. Había que hacer mucho más para que su descubrimiento fuera elegante pero hacerlo no era algo para ellos. Incluso, uno de ellos murió pronto debido a la ansiedad que le generó lo que había ocurrido.

La mayoría de vosotros en este salón tiene un aparato llamado teléfono inteligente creado por la conciencia de un hombre en el momento y lugar precisos. Hubo teléfonos y aparatos portátiles por muchos años. ¿Porqué no fue un comité el que logró unirlo todo para crear el aparato inteligente? ¿Porqué una conciencia colectiva no se dio cuenta del potencial qué había? UNA sola persona organizó y logró lo que las mentes más brillantes no habían ni siquiera pensado: fue un paradigma que cambió todo lo relacionado con la forma de comunicarse y como compras y escuchas música. Fue un comodín y ese hombre llamado Jobs, lo hizo con un Akasha que vino a este planeta para eso – en el momento y lugar precisos y esto cambió al planeta para siempre. ¿Porqué tuvo que morir tan pronto? Porque el planeta no estaba listo para todo lo demás que él tenía. Él había cumplido el propósito de su alma.

Eso es un comodín. Habéis experimentado uno grande al final de los años 80. Contra todo lo esperado, la Unión Soviética cayó políticamente. Esto desarmó el potencial de una guerra mundial. El desarme de cualquiera de los actores hubiera creado este potencial. Si va a haber un campeonato deportivo entre dos excelentes jugadores y uno de ellos se muere, ¡ya no hay juego! Eso es sincronicidad. Si le preguntas a los historiadores si habían esperado esto te dirán "¡Nunca, nunca!" Eso fue un comodín. ¿Ha habido otros comodines quizás en la historia de Israel? ¡Muchos! Voy a mostrarte como ejemplo uno en el que quizás no has pensado y lo haré mientras estamos en esta tierra.

Aquellos de vosotros que nacieron judíos, habéis experimentado comodines en vuestra sociedad. ¿Qué os impide pensar que pueda haber más? ¡Ha habido muchos! Hablemos de uno que es profundo. A todos los israelíes que han nacido aquí se les ha contado la historia del Éxodo. Esta bella historia de la salida de la esclavitud hacia la Tierra Prometida, tiene a un hombre como responsable: Moisés. ¿Qué piensas sobre él? Examinemos esto por un momento. Examinemos algo que no se les cuenta mucho a los israelíes. ¿Cómo eran las cosas en Egipto antes de Moisés? ¿Fue acaso él el único que lideró una rebelión de los esclavos judíos? ¡Toda una sociedad estaba esclavizada! ¿Realmente crees que ellos no hacían nada al respecto y lo soportaron todo hasta que llegó Moisés? La respuesta es no. Hubo muchas rebeliones. Trataron de liberarse repetidamente pero nunca funcionó. Los egipcios eran fuertes. Ellos mataban a mucha gente y a muchos judíos regularmente. Y obligaban a los otros a mirar con el fin de escarmentarlos y tratar de reprimir cualquier tipo de rebelión. ¿Qué tanto has estudiado los tiempos anteriores a Moisés? No mucho. Te lo digo porque hubo una larga historia antes de Moisés.

¿Cuál es la probabilidad de que el judío que llevaría a los demás judíos a la Tierra Prometida fuese uno que se creía era de la realeza egipcia? Esto es sincronicidad al máximo y es un comodín válido. Observa la historia y mira como funcionó todo. Él tenía un Akasha que era Moisés. Era el que estaba destinado para hacerlo y eso significó una gran diferencia en la historia de los judíos. Queridos míos, ¡no fue un accidente! ¡Fue algo planeado!

¿Porqué dudarías de que algo así pueda volver a suceder? ¿Porqué dudar que puede haber liderazgo, no solo aquí sino también en otras partes del planeta, que podría unirse en algo que llamaríamos confluencia de sincronicidades y cambiar este planeta para siempre? ¿Quién te ha dicho que tu linaje milagroso terminó hace siglos? Te ha ocurrido muchas veces a ti, israelí. Entonces, lo decimos de nuevo al cerrar aquí: si no sabes lo que no sabes, no prejuzgues con tus energías de duda lo que va a ocurrir. Piensa en ello.

Y así es.

La letra E (ÉXODO)

Dada en la ciudad antigua de Megiddo (Valle del Armagedón) – domingo en la mañana, 4 de octubre 2015

Saludos queridos míos, soy Kryon del Servicio Magnético. Sabéis donde estáis y yo también lo sé. Para aquellos que están escuchando (y leyendo) y que no están aquí, estamos en Megiddo. Es posible que eso no signifique nada para quienes no están aquí, pero en un momento voy a explicar el otro nombre que tiene este lugar.

Algunos ya lo han averiguado. Estamos deletreando tres palabras, una letra a la vez, a través de 13 canalizaciones. Hacemos esto frecuentemente. Es el "tema del área". Ya sabes cuales son las tres palabras. "PAZ EN ISRAEL." Pero puede haber sido difícil al comienzo porque la ortografía no era lo que tú esperabas. Para vosotros los occidentales, las palabras se están deletreando al revés (de atrás para adelante). Hemos hecho una letra a la vez, en el idioma inglés pero al revés para un alfabeto occidental. Los primeros alfabetos incluyendo aquellos que se utilizan hoy en día aquí, que son el arábico y el hebreo, se leen y se escriben de derecha a izquierda y entonces hemos decidido deletrear de esta manera para honrar los idiomas de esta tierra. Entonces, es inglés escrito con el método hebreo y arábico. La letra que vamos a darte hoy es una que esperas. Es la última letra de la primera palabra. Es la letra "E". Te diré lo que significa en un momento.

Este lugar tiene otro nombre. Es el lugar del Armagedón – apocalipsis. Quiero repasar contigo lo que eso significa. De todas las canalizaciones que he dado en esta tierra, esta puede ser la más importante. Es importante para ti; es importante para la humanidad; es realmente importante para Israel. Este lugar es donde todo iba a terminar. Está profundamente inscrito en la historia y en las profecías judías. Estas tierras son aquellas en las cuales irían a darse las últimas batallas del planeta, aquí donde estás sentado y eso sería el Armagedón. Lo dice también la profecía cristiana: estas serían las batallas finales. ¡El concepto está por todo el planeta! A donde quiera que mires encuentras el concepto del Armagedón y de hecho se refiere al lugar en el que estás aquí sentado hoy. Es casi como si esta área hubiese sido preparada para esto – ¡preparada para el desastre y el horror! La gente que vive alrededor lo sabe. Queda en el centro de la parte norte de Israel, donde muchas batallas han tenido lugar una y otra vez, casi como si la tierra se hubiera endurecido para la batalla final. La letra "E" va a representar "Éxodo". No es el éxodo que tú crees. Vamos a llamar esta canalización "E – el segundo Éxodo". El éxodo del que hablo es el del futuro de la humanidad y el del cambio de conciencia.

Estoy hablándole a trescientos de vosotros y muchos aquí son sensitivos. Algunos ya sintieron la energía de los lugares en los que hemos estado. Sucedió en Masada. A algunos les ocurrió en el río (Jordán) y a otros en el Mar de Galilea. Quiero que te des cuenta de lo que hay aquí y quiero que tengas cuidado mientras voy hablando sobre esto. Por favor escucha y lee toda esta canalización; no te detengas aquí.

Este lugar representa la dualidad de la humanidad. Representa la elección de destruiros a vosotros mismos y siempre ha sido parte del futuro de la humanidad. ¡Casi lo habéis hecho otras cuatro veces! Esta no es historia conocida sino desconocida. Así crees que sabes mucho de historia, hubo mucha historia antes de esta historia. Pero queridos míos, se suponía que esta iba ser la última oportunidad – e inmediatamente las profecías comenzaron.

El Armagedón ocurriría aquí. Ahora comienza a tener sentido que así fuera y voy a explicar porqué en un momento. Pero primero la energía: ¿puedes imaginar cómo son las cosas aquí, con esta profecía que ha tenido y temido la humanidad relacionada con este lugar? Ellos temían el final y la profecía seguía llegando y los profetas hablaban sobre ella. Se volvió parte de la escritura y muchos la esperaban. ¿Qué ocurre cuando se proyectan capas y capas de miedo en un lugar? Si eres un trabajador de la energía, ahora sabes porqué estás sintiendo lo que estás sintiendo. Puede ser inapropiado decir, *"este no es un buen lugar para estar"*. Vas a irte pronto pero es posible que lo sientas mientras estás aquí. Es el meollo de la dualidad, el final de la humanidad, la muerte a una escala que no has visto jamás.

Durante la vida de mi socio, las profecías parecían estar comenzado a hacerse realidad, puesto que había armas de destrucción masiva disponibles para muchos. Dos súper potencias del planeta comenzaron a alinearse para la batalla – el Armagedón. Esto es historia 3D. Esto no es esotérico. Hasta hace muy poco, había casi 50.000 armas nucleares apuntando desde los unos hacia los otros y la Tierra estaba lista para el Armagedón. Esa era la profecía y ahora sabes porqué tiene sentido que el nombre de este lugar corresponda con la profecía. Porque los problemas de Israel serían la chispa que encendería la última guerra mundial. Estados Unidos también entraría a esta guerra debido a los tratados que tiene con Israel. Y estarían en desacuerdo con tratados existentes con la Unión Soviética. Ya sabes cómo es esto. Si sueltas uno, sueltas todos. La guerra es así y siempre ha sido así. Es difícil tener una guerra a escala limitada cuando crees que tienes los medios para ganarla instantáneamente. Es guerra o no guerra. Es vida o muerte y queridos míos, estáis sentados sobre la muerte. Por favor no apagues el canal. No pares de escuchar o de leer.

Pero, ¿puedes ver como esto tiene sentido? Los problemas en Israel crearían la guerra final y este es el nivel cero. ¿O lo es?

Las enseñanzas de los antiguos y de los nativos indígenas actuales del planeta, así como las de Kryon, dicen que la precesión de los equinoccios trazó una demarcación para toda la humanidad. Representa un punto de cambio – un cambio que el planeta jamás había visto antes. La naturaleza Humana iba a comenzar a crecer y a evolucionar. La sabiduría sería algo más común. Comenzarían a darse soluciones para el odio que jamás hubieras imaginado que fueran posibles. Estas no son tan solo palabras de Kryon. Son también de los nativos e indígenas que estuvieron en el planeta miles de años antes de Abraham. Esa es profecía original. Esta es la profecía general de los Antiguos: si la humanidad lograba sobrepasar el año 2012, habría un éxodo de la vieja energía. El éxodo sería desde una vieja profecía hacia un nuevo futuro y una nueva profecía.

Representa otro tipo de esclavitud... salir de una vieja tierra, la de la esclavitud del pensamiento donde la guerra parecía ser la única manera de hacer las cosas. Los Humanos, eventualmente llegarían a una nueva Tierra Prometida de conciencia, una nueva y evolucionada naturaleza Humana donde la guerra sería vista como algo arcaico, feo y que jamás sería la respuesta.

Finalmente, la sabiduría del planeta comprendería que la guerra engendra más guerra, que es una enfermedad y nunca una solución. Queridos míos, si cualquier guerra de este planeta hubiese sido una solución, no tendríais más guerras y de hecho las hay, actualmente.

Estás avanzando lentamente hacia la Tierra Prometida del nuevo pensamiento. Cuando te levantes y salgas de este lugar, quiero que mires hacia atrás por un momento y entiendas que ya no es lo que tú creías que era. Incluso, puedes bendecir este lugar y pensar en el Éxodo. Porque lentamente este lugar irá perdiendo su energía de desastre. No será el final de nada. Eventualmente se disipará pero queridos míos, hay algo que es más grande que cualquier tipo de profecía. Si reconoces esto es porque realmente estás escuchando. Si entiendes lo que realmente estoy diciéndote en este lugar, entonces harás algo que nosotros llamamos cognizar. Lo creerás y cada célula de tu cuerpo dirá, *"¡ahora se porqué nací en estos tiempos!"*. Todos vosotros sois maestros, todos. Tenéis la sabiduría del amor y la solución. El segundo Éxodo.

Levántate de este lugar diferente de cuando te sentaste. Y dile adiós al Armagedón mientras te vas.

Y así es.

La letra C (COMPASIÓN)

Dada en la Ciudad Antigua de Zippori (o Sepphoris) – domingo en la tarde, 4 de octubre de 2015

Saludos queridos míos, soy Kryon del Servicio Magnético. ¡De nuevo vengo con otra letra! [Risa]. Ya sabéis cuál será. En el alfabeto inglés es la letra "C". Voy a decirte lo que representa en un momento. Vamos a hablar muy brevemente sobre el cambio de conciencia de una manera como quizás no hemos hecho antes. Voy a mostrarte que este planeta está de hecho diseñado para el cambio de conciencia. Ha ocurrido antes, queridos míos. Vosotros no sois los primeros.

Estamos en un lugar en el cual podemos hablar de estas cosas y literalmente, es relevante para el barro sobre el cual estás sentado. Quisiera hablarte sobre tu relación con Dios. Hay quienes sienten que la naturaleza Humana nunca cambia y sin embargo, lo ha hecho. ¡Ha cambiado tan profundamente en la historia que vosotros reiniciasteis el reloj! Los profetas que has estudiado hasta ahora pertenecen en su mayoría a lo que hemos llamado la Ley de Dios. De hecho, los estudiosos de la biblia lo llaman el viejo testamento de la humanidad –"La dispensa de la ley". Después, hace dos mil años, justo en esta tierra llegó Cristo, el profeta judío. Él os dio un nuevo concepto. Estaba aquí con un Akasha, sí un Akasha (puesto que él era Humano) ¡y era judío! Llegó en el momento preciso y al lugar adecuado – y cambió tantas cosas para todo el planeta. Cambió la percepción de la relación con Dios. La Escritura se volvió una nueva escritura – El Nuevo Testamento – la nueva humanidad. El Dios único se volvió el Dios único del Amor. Fue una evolución del pensamiento. Luego se convirtió en aquello que los eruditos llaman "La Dispensa del amor".

Mahoma continuó con esto y siendo el profeta más reciente, se refirió contantemente al amor de Dios. Lo expresó una y otra vez, describiendo el infinito amor de Dios. Pasasteis de la Ley al Amor y todos los profetas lo sintieron.

Ahora, el proceso de este cambio fue tan profundo que de hecho ¡ahora se mide el tiempo de una manera diferente! Antes de Cristo (a.C.) y después de Cristo (d.C.). ¿Veis lo que habéis hecho? ¡Se reconoció que hubo un cambio de conciencia! Fue algo tan profundamente nuevo que tuvisteis que reiniciar el reloj y ahora todo el planeta mide la historia con este sistema. Ahora, ¿cambió Dios? No. Entonces, ¿qué fue lo que cambió en esta historia? ¡Los Humanos cambiaron! ¡Vosotros cambiasteis! Todos vuestros registros akáshicos, todas vuestras vidas pasadas hablan de un cambio en la percepción de los Humanos, de un Dios de la Ley a un Dios del Amor. La letra "C" representa la "DISPENSA DE LA COMPASIÓN".

¿Sabías que la mayoría de los israelíes no tienen idea de lo que es el calendario maya? Hay tanta historia y tantas profecías aquí y eso es todo lo que ellos conocen. Tienen suficiente aquí para saciar su búsqueda espiritual. Pero la verdad es que hay profecías de nivel planetario, tanto como hay profecías judías. Si supieras lo que los mayas dijeron, comprenderías más con respecto a esta dispensa de la compasión.

Los mayas (y otros) crearon un largo calendario de más de 5.000 años. Pero el calendario se detuvo en 2012. Un nuevo calendario fue creado hace unos años para volver a comenzar, si la humanidad lograba pasar el año 2012 (el comienzo del nuevo ciclo de la precesión de los equinoccios). De acuerdo con la profecía del calendario maya, si la humanidad pasaba este punto sin destruirse a sí misma, no habría un Armagedón. También tendríais que reiniciar el reloj. El reloj es el de la conciencia Humana.

La dispensa de la compasión está ahora sobre vosotros. Representa la compasión de los unos por los otros. Es una sabiduría que todavía no ha sido vista. Hablamos de esto una y otra vez. Sin embargo, algunos dicen que es tan solo charla esotérica. Pero queridos míos, quiero que miréis a los Antiguos y lo que ellos hicieron con su reloj. Esto no es nuevo. Que esto sea prueba de que lo que estamos diciendo y lo que hemos venido hablando durante 25 años no son solo palabras de Kryon. Representa la sabiduría de los ancestros Humanos que reiniciaron su reloj cuando la conciencia del planeta cambió. ¡Es un precedente!

Decimos esto de nuevo: prepárate para un nuevo pensamiento. Es más que solo amor. Es un amor maduro que crea compasión por la vida y por la humanidad. Antes de que yo termine muchos preguntarán *"¿Quién será el siguiente profeta?"*. Los humanos están comenzando a madurar y a volverse más sabios. ¿Qué tal si yo te dijera que en esta nueva energía, el profeta está ahora dentro de ti? ¡Tu Yo Superior lo sabe todo! Este es el profeta que ahora estás siguiendo. Esta es la nueva sabiduría – la compasión del Yo Superior.

¿Cómo te sientes con esta información? Permite que la verdad de esto se refleje en la manera como ves y tratas a los otros. Entonces digo lo que dije en la primera canalización: "¿puedes ver a Dios en todos, sin importar la situación?" Esa es la prueba de la compasión.

Y así es.

La letra A (ASCENSIÓN)

Dada en la cima del Monte Carmelo – Lunes, 5 de octubre 2015

Saludos queridos míos, soy Kryon del Servicio Magnético.

¿Lo has sentido ya? ¿Has sentido la profundidad de esta aventura? ¿Estamos tan solo en otra zona turística, no es así? Vas a recordar estos tiempos. Aquí hay energías que tal vez no se repetirán de la misma manera. Es un grupo único de almas reunidas para celebrar con alegría este salto, para danzar y reflexionar sobre la historia que hay aquí y plantar las semillas de una nueva conciencia. Este es el país de Elías y tú lo sabes. Ya hemos hablado sobre Elías y Eliseo y te hemos contado las cosas que queríamos que supieras sobre ese evento de ascensión.

La letra es la "A" y está justo en la mitad de la palabra Peace (Paz). Hemos escogido esta letra y tú pensarás que representa la palabra ascensión – no exactamente. Vamos a llamar esta canalización "ASCENSIÓN DEL PLANETA TIERRA", ¿y qué mejor lugar para dar este mensaje que éste, donde hay un ejemplo y una energía de la ascensión que es celebrada por tantos? Hay dos partes en este mensaje y quiero hacer claridad sobre algo: para quienes por años han seguido las palabras de Kryon y saben porqué estoy aquí, esto puede parecer un repaso. Han invertido su energía en el concepto de un planeta en ascensión. Pero queridos míos, hay tantos que no han escuchado la historia. Ellos no saben lo que voy a decir, especialmente aquellos que son de esta región. Muchos están escuchando (y leyendo más tarde) y estas trece canalizaciones eventualmente se llamarán las Canalizaciones de Israel. Serán unidas como un paquete de trece y estoy diciéndole a mi socio en este momento que serán publicadas en muchos idiomas. No todos saben lo que se ha dicho antes. Parte de esta información es vieja para muchos pero es revolucionaria para tantos otros que jamás la han escuchado.

Cuando decimos ascensión, en el contexto de un planeta que está ascendiendo, no significa que la población vaya a ascender en 3D. Estamos hablando de algo diferente. La mejor descripción que podemos darte en 3D es la "vibración ascendente de la conciencia de la Tierra" e incluso esto es una metáfora. Si pudieras medir la conciencia Humana en una escala de uno a diez, siendo diez la maestría, encontrarías que estás en un tres, en este momento. Pero queridos míos, habéis estado en tres antes. Realmente nunca te has alejado del tres. Ciertamente, has tenido conceptos del cuatro o del cinco e incluso de más arriba que te han dado los maestros ascendidos, pero nunca te los apropiaste. No los has vivido y estás estancado en el tres.

Todo indica que estoy en lo correcto porque cuando observas la humanidad ves que ésta no ha aprendido nada. No ha aprendido lo básico de entenderse unos con los otros. La guerra no es una solución y como hemos dicho antes, el odio engendra más odio. Lo crea, no lo soluciona. La guerra crea más guerra. Cualquiera que está combatiendo, por la razón que sea, creará más guerra. Eso debería ser obvio a partir de la historia Humana. Todo lo que habéis hecho es conquistar, reconquistar y conquistar una y otra y otra vez. La última vez involucró a toda la Tierra. De hecho, la segunda fue una extensión de la primera...la parte II. Y (no es sorpresa) la Parte III fue programada. Quiero que pienses conmigo por un momento. ¿Estarías de acuerdo en que la naturaleza Humana que ha creado este ciclo, no es muy sabia? Es muy inmadura y no ha entendido lo básico del amor y de la compasión. De hecho, no ha entendido nada. Es de lo que estamos hablando.

La naturaleza Humana parece haber sido la misma a través de la historia y si eres un psicólogo, estarás convencido de esto. Es simplemente la manera como piensan los Humanos. Esta es la premisa bajo la cual trabaja el psicólogo, mientras trata de ayudar a otro Humano. La naturaleza Humana es vista como una conciencia Humana estática e inmutable. No es sorprendente entonces que te sientas frustrado puesto que esto es lo único que has visto.

Hay una metáfora para esto que todo padre o madre comprenderá. Cuando los niños crecen, lo hacen mediante un cambio de conciencia. Cuando tienen seis a ocho años, tienen un cierto estado de conciencia. Son socialmente disfuncionales e inmaduros. No han entendido lo que funciona con otros niños o con sus padres. Están absortos en sí mismos puesto que apenas están creciendo. Están en modo de supervivencia y tienen unos tremendos egos así como problemas de autoestima. Muy pocos niños de seis a ocho años son sabios y equilibrados. Eso viene más tarde. Cuando están juntos en el patio de juegos de la escuela, hay mucha presión de parte de los otros niños. No se comprenden los unos con los otros y a veces se reúnen en grupos específicos de acuerdo al género, creencias o incluso vecindarios. En ocasiones se tiran piedras unos a otros y pueden incluso ser el matón del patio de juegos e involucrarse en varias peleas. Irán a casa llorando y sus padres se preocuparán.

Este es simplemente el desarrollo Humano. Ha sido algo común a través de la historia y después los niños crecen y se vuelven adultos jóvenes. Cuando tienen diecisiete o dieciocho años, de repente adquieren elegancia; han aprendido cierta sabiduría; han descubierto que es agradable estar con otros de su misma edad pues son similares a ellos. Pueden divertirse, salir y disfrutar de la música juntos, como nunca antes. No importa donde nació cada uno o en cual vecindario vive. Un joven de diecisiete o dieciocho años no es como el de seis o siete años. ¿Es esto demasiado simple para ti? ¡La humanidad está estancada en el patio de juegos! Hay prueba de esto. Tan solo mira a tu alrededor. Observa lo que está ocurriendo en el planeta ahora, incluso hoy.

Un planeta en ascensión es el que tiene una vibración de conciencia que está comenzando a salir del patio de juegos y en el que la humanidad comienza a tener una naturaleza Humana más sabia. Estoy simplificando esto para aquellos que nunca habían oído este concepto. Cuando hablemos en un momento, sobre lo que ha ocurrido en el planeta, añadiremos credibilidad a lo que estoy diciendo ahora. ¿Será posible que vayas a ver evolucionar a la naturaleza Humana? ¿Evolucionar más allá de lo que ha sido hasta ahora, hacia algo que nunca antes has visto? ¿No? Se te ha hablado al respecto. Los maestros que caminaron por aquí te hablaron de eso.

Pasa la página (otro tema). Quiero hablarte de historia. Quiero dar información que no todos han escuchado. En otras partes del mundo esto es bien conocido pero aquí, no mucho. En esta región, están absortos con la historia de aquí, con los profetas que pasaron por aquí y no más. Es posible que no estés consciente de lo que voy a decirte. Hay un panorama más grande y quiero que lo asimiles y lo comprendas. Quiero que lo investigues y lo verifiques porque es algo que no vino de Kryon. Voy a contarte una historia y una profecía que probablemente nunca antes has escuchado.

Cuando estuvimos en Estambul dimos una canalización llamada "La historia desconocida de la Tierra". Lo hicimos allá porque en esa área y en sus cercanías, ha habido muchos nuevos descubrimientos que los historiadores no logran comprender, sobre lugares con culturas que no deberían haber existido, en idiomas que no habían visto antes [cuneiforme].

Hay una historia mucho más antigua que la que tú conoces. Incluso en esta región. Hablamos de Sumeria (no Samaria). Sumeria es en el Valle del Indus. Ve y encuéntrala. ¡Tiene más de 9.000 años de antigüedad y es justo aquí!

Queridos míos, nuestra enseñanza ha dicho que aquellos que vienen de lo que llamamos Lemuria, tienen un Akasha de este planeta de más de 30.000 años. ¿Lo crees? Ahora, aquellos que son de esta región y que están escuchando este mensaje, no apaguéis la grabación. Dadle una oportunidad. Hay evidencia de que la humanidad ha estado en el planeta mucho, mucho más de lo que tú crees. ¡Incluso esta área puede parecer joven en comparación!

Los Aborígenes son nativos autóctonos antiguos. Vamos a utilizar las palabras nativo autóctono una y otra vez. Significa el Ser Humano original de un área. Nativo autóctono – los primeros. La mayoría no tienen un país. Más bien tienen una familia, una tribu, nombres tribales que tú no has escuchado y que representan lo que ellos son. Se ha documentado que los Aborígenes han estado en sus tierras por más de 30.000 años. Eso se debe a que no había conquistadores en ese entonces. Australia es un continente aislado y nada lo tocó. No hubo batallas con gente de afuera. ¿Puedes imaginar tal cosa? El gobierno de la Australia moderna ha documentado esta edad de su gente nativa. Los nativos autóctonos han estado ahí por 30.000 años.

Ahora, ¡eso significa que los Aborígenes habían estado viviendo en su civilización por quince o veinte mil años cuando Abraham nació! ¿Me crees? Quiero que vayas y lo verifiques. Quiero que lo investigues por ti mismo para que puedas comprender lo que voy a decirte. ¿Cómo puedes creer que los sumerios fueron el comienzo de la civilización hace menos de 9.000 años, si ya había todo un continente poblado por otros cuya civilización ya tenía 20.000 años cuando los sumerios apenas estaban comenzando? Hay profecías que algunos de vosotros no habéis escuchado todavía y vienen de los primeros Seres Humanos del planeta. Es una profecía colectiva. Colectiva significa que viene de muchos lugares a través de nativos autóctonos que nunca se han conocido unos a otros.

Solo recientemente se ha descubierto esto en el planeta: que la misma profecía, que tiene más de 10.000 años de antigüedad, es conocida por los nativos autóctonos originales de todas partes. Así como en la canalización de la letra C, te pregunto de nuevo, ¿has oído hablar del calendario maya? Muchos de vosotros no. Algunos que están aquí dirían, *"es tal vez algo misterioso de una cultura pagana muy lejana"*. Despejemos el rumor: ¡ellos no eran paganos! Ellos creían en el Dios único pero no como lo hacen los de esta área. Su Dios único era la Fuente Creadora que se centraba en todas las cosas vivas. Venía de un solo lugar y ellos lo sabían.

El calendario Maya no fue escrito solo por los mayas. Tres culturas participaron en la misma profecía a través de eones de tiempo en la misma área. Los aztecas, los toltecas y los mayas. A pesar de que tenían su profecía, continuaban estando en la vieja energía. Como parte de su cultura, tenían una forma poco usual de ocuparse de los templos que conquistaban. Tenían sus guerras y sus problemas y sus batallas, pero cuando llegaban al templo de aquellos a quienes estaban conquistando ¡se quedaban con el templo, no lo destruían! Incluso le añadían cosas para hacerlo más grande. Muy pronto, después de tres o cuatro conquistas, el templo era enorme. Esto es diferente de lo que ocurrió aquí, ¿no es así? Ve y verifícalo.

Déjame contarte su profecía de una manera más completa y cuando termino de hacerlo, quiero que te des cuenta que es la misma profecía de los nativos autóctonos de casi toda la Tierra. Escúchame porque es una profecía que es mucho, mucho más antigua que cualquier cosa de esta región. Por favor escucha. Por favor continúa escuchando. Esto no rebaja las profecías que tú tienes. Les suma. Te ayuda a comprender tu rol en todo esto.

El calendario Maya fue un calendario de la conciencia no de fechas. No honraba el sistema de doce meses. Era un sistema total y completamente diferente. Ellos tenían algo llamado la cuenta larga. Lo he mencionado antes. Era un calendario muy muy largo, de más de 5.000 años que no se corresponde con los días y los meses y ni siquiera con las estaciones, no realmente. Era un calendario de energía, un calendario de la conciencia. Estaban rastreando la naturaleza Humana. Si estudias este calendario verás que sus pasajes proféticos corresponden con lo que ha ocurrido en la Tierra a lo largo del tiempo. Estaban rastreando tiempos potenciales de paz y de guerra en el planeta. Puedes ver esto en la forma como construyeron el calendario. Los expertos lo han observado y han detectado esas proyecciones de la conciencia Humana subiendo, durante breves períodos de paz y bajando antes de la guerra. Puedes creerlo o no pero su profecía estaba sintonizada literalmente, con lo que estaba ocurriendo aquí en el planeta. Ellos predijeron la conquista de Sur América y más.

La profecía más grande del calendario fue la que otros nativos autóctonos también tenían. Era una gran profecía y correspondía al movimiento de las estrellas. El movimiento de las estrellas siempre ha sido parte de la tradición, incluso en esta área. Te pido que recuerdes que los griegos sabían del movimiento de la galaxia. Lo sabían. La precesión de los equinoccios se alinea con la oscilación de veintiséis mil años de la Tierra. Lo sabían los griegos, los romanos y los egipcios quienes alinearon sus pirámides en correspondencia con esto y con unas estrellas. Te doy esta información para que sepas que esto es parte incluso de tu cultura. ¿Hablas del Maestro Cristo – el Maestro del amor de esta región? Su llegada también fue predicha por las estrellas. Los tres hombres sabios que supuestamente vinieron a Belén para participar del nacimiento del Mesías - ¡eran astrólogos! ¿Qué te dice esto? ¡La historia se refiere a ellos como tres reyes pero realmente eran tres maestros astrólogos! Queridos míos, las estrellas siempre han sido parte de la profecía. Volvamos a los Mayas.

El calendario Maya se detuvo en 2012. Tenía que ser así debido a la profecía, aquella que todo nativo autóctono conoce y ha estudiado. En todo el mundo se la veía como el final de los tiempos. Muchas, muchas culturas estaban conscientes del final de este calendario. En diciembre 21 de 2012 había miedo en todo el planeta. El Armagedón no ocurrió pero aun así, existía una profecía que parecía siniestra y era atemorizante – el fin del mundo en 2012. Pero eso no era lo que decía la profecía. El final del calendario era simplemente el final de un tiempo viejo.

Esta es la profecía (de nuevo). Ahora escúchame: lo que voy a contarte es también un resumen y una generalización de la profecía de los nativos autóctonos de la Tierra. Ellos son quienes estuvieron aquí mucho antes de que algo hubiera ocurrido y está escrito claramente en el calendario Maya. Escucha: si el planeta lograba pasar este marcador de 2012, el cual está representado por el punto medio de la oscilación de la Tierra (un ciclo que dura 26.000 años), ese sería el comienzo de una nueva conciencia en el planeta y de una evolución de la vibración. Esa es la profecía. ¿Recuerdas mis canalizaciones de hace uno o dos días? ¡La humanidad iría de tres a cuatro a cinco y más allá! Los Humanos comenzarían a pensar de una manera diferente y la ascensión de la conciencia comenzaría en todos vosotros.

Ahora, si realmente has comprendido esto y has comenzado a utilizar tu lógica espiritual y comprendes el Akasha y el hecho de que has vivido antes, entonces estás verdaderamente listo para esto. Has estado aquí mucho tiempo, alma antigua. Tú sabes como se siente estar en el nivel tres. Y las almas antiguas están listas para el cuatro. Tú sabes lo que estás haciendo.

Muchos de vosotros habéis esperado este tiempo pero los de esta región, ¿habíais escuchado esto? ¿Has escuchado esto realmente o piensas que es imposible cambiar las cosas y que no hay razones para cambiar? Es por eso que te contamos la historia. Hay esperanza planetaria y está centrada aquí. Es por eso que estamos aquí, porque es aquí donde va a ser más difícil.

Observa a los niños. Es posible que el cambio aquí llegue a través de tus niños quienes probablemente no estarán de acuerdo contigo. Es posible que no asimilen la historia de esta área como lo has hecho tú y podrán hacer cosas que te disgustarán e irán en contra de eso que quieres que ellos crean. Es posible que se alejen de las viejas formas. Va a suceder a través de generaciones. Ese es el canal. Es más grande de lo que tú crees y sin embargo el cambio se centra aquí.

Queridos míos, si yo pudiera daros una profecía, si pudiera daros una visión que pudierais comprender, dejadme hacerlo. Esta es la metáfora que yo veo: puedo ver una construcción, puedo ver cosas ocurriendo con miles de trabajadores, puedo ver algo que está siendo construido con alegría y con soluciones, sin odio. En mi visión, la construcción es real. No os diré cuando queda terminada porque no os gustará la respuesta. Es la reconstrucción del tercer templo. Piensa en ello. Es una Nueva Jerusalén sin odio y sin guerra. Llega a partir de una solución que nadie jamás pensó – una confianza que no ha habido antes y quizás descubrimientos que nunca pensasteis que ibais a recibir.

Eso es suficiente por ahora. La Ascensión es más grande de lo que tú piensas. Y así es.

La letra E (ENLIGHTENMENT - ILUMINACIÓN)

Dada en Makhtesh Ramon Crater – martes al medio día, 6 de octubre, 2015

Saludos queridos míos, soy Kryon del Servicio Magnético. Para aquellos que no están aquí, estamos en la parte sur de Israel, en un desierto de enorme extensión con una vista asombrosa. Es una vista que ha estado aquí tanto tiempo como la humanidad y más allá de los siglos. Este lugar fue visto y disfrutado por los antiguos así como estáis haciéndolo vosotros hoy.

Habrá dos canalizaciones hoy y éstas deletrearán las dos últimas letras de la palabra Peace (Paz). Vamos a examinar ahora la letra "E" y lo que significaría en el contexto del lugar donde estamos hoy. "E" representa "ENLIGHTMENT – ILUMINACIÓN" y es posible que no sea exactamente lo que tú crees. Daremos la definición de iluminación y quiero que pongas atención porque es posible que no sea lo que se te ha dicho. ¿Estás iluminado? ¿Cómo definirías tu propia iluminación?

En honor a esta tierra, vamos a utilizar unos acertijos. Quizás no son acertijos sino más bien metáforas o alegorías. Vamos a preguntarle a un judío ortodoxo, "¿Estás iluminado? Esta sería su respuesta:

"Yo estoy más iluminado que cualquiera en esta tierra. Porque sigo al pie de la letra las leyes originales. No hay leyes mejores ni más cercanas a Dios que las que fueron dadas aquí. Nuestras tradiciones son claras y yo y el resto de nosotros, estamos haciéndolo lo mejor posible. Yo soy judío, yo soy un Ser Humano iluminado."

Ahora, si le preguntas a él acerca de aquellos a su alrededor que no creen lo que él cree, él dirá, *"ellos no están iluminados porque no tienen la verdad que yo tengo y no siguen las reglas que nos fueron dadas claramente por Dios y por nuestros ancestros."*

Si le preguntas a un musulmán, *"¿Estás iluminado?"* El hombre dirá:

"¡Absolutamente! Yo tengo la información original de la historia original de esta área, hasta Ismael. Pero también tengo de esta área un profeta más reciente. Es de hace menos de mil años y mi profeta tiene la información más iluminada para darme, como hombre moderno iluminado. Sigo las palabras del profeta al pie de la letra. ¿Qué puede ser mejor que eso? Yo tengo la información más moderna."

Cuando le preguntas sobre los otros, él diría, *"Ellos no siguen los pasos de mi profeta. No tienen iluminación completa. Si no siguen al profeta y sus sagradas palabras sobre Dios, ¿cómo podrían estar iluminados?"*

¿Entonces, quién está iluminado aquí? ¿Quién está en lo correcto y cuál verdad es la real? Si escuchas la justificación de su iluminación, tiene sentido y muchos de ellos viven su verdad de una manera muy pura. Ambos grupos están complaciendo a Dios con su mejor comprensión de cómo se complace a Dios. Están siguiendo la historia y aquellos que los guían son Humanos históricos importantes.

Hablémosle a una persona esotérica, quizás a uno de vosotros. *"¿Estás iluminado?"* Tú dirías esto:

"Nosotros los de este grupo estamos iluminados porque hemos encontrado a Dios dentro de nosotros, sin todas las reglas y adornos de los protocolos tridimensionales. Nuestro Dios es real porque el profeta que seguimos está dentro de nosotros y esto es lo más moderno, siguiendo lo más antiguo que podemos tener. Nuestras meditaciones son profundas. Sentimos a Dios adentro. Estamos iluminados."

Si le preguntas a una persona esotérica, *¿Y qué hay de los demás?* Ellos dirían, *"Ellos no tienen lo que nosotros tenemos y rezamos por ellos pero no tienen lo que nosotros tenemos. Están sumidos en muchos protocolos y eso no honra al Dios que está adentro".*

El ortodoxo diría, *"Oramos por ellos. Oremos por ti para que puedas ser como nosotros".* El musulmán también está muy dispuesto a bendecir a tu familia y a orar contigo…muy dispuesto a darte las palabras de un Dios amoroso, las palabras que ellos han recibido de su profeta.

Ahora, preguntémosle por la calle a un israelí no religioso. Digamos que vamos a hablar con un banquero que no quiere saber nada de religión ni de espiritualidad ni de nada de lo que tú tienes ahora, *"¿estás iluminado?"*

Este hombre te miraría y sonreiría y diría, *"Yo realmente estoy iluminado porque tengo el sentido común para no ser como los otros. No me encontrarás vestido con trajes raros ni inclinándome, ni meditando sobre un tapete, ni contemplando mi ombligo. Yo estoy iluminado porque soy práctico y puedo trabajar sin estas prácticas espirituales poco prácticas. Yo soy un banquero, yo sé cómo cuidar de mi familia y trabajar con la estructura de este mundo actual, no del de ayer. Yo estoy orgulloso de mí y no soy un tonto como los otros."*

¿Quién tiene la razón aquí? ¿Quién tiene realmente la verdad? Primero, hacemos esta pregunta: ¿están estas personas diciéndote realmente lo que dice su corazón? ¡Y la respuesta es sí! ¿Y aquellos que creen en la unidad de Dios, lo sienten dentro de ellos? ¡Y la respuesta es sí! Entonces, ¿cómo vamos a definir la iluminación? ¿Cómo lo harías tú?

Te diré cuál es la definición que da el Creador que vive dentro de ti. Él vive en cada uno de los Humanos que acabamos de entrevistar. El amor de Dios por toda la humanidad es profundo. El Humano que no cree en Dios es igualmente amado por Dios, tanto como el fundamentalista. ¿Sabías eso? La grandeza de la familia del Espíritu es hermosa, aunque tú no la veas. ¿Quién está iluminado aquí?

La definición de iluminación, tal como la da el Espíritu es ésta: un Ser Humano iluminado es el que respeta y ve la iluminación de todos. Es el que puede escuchar al ortodoxo y ver a Dios dentro de él y ver que es real y perfecto para él o ella. Es el que puede ver al musulmán y comprender la belleza de lo que él cree. Es el que puede mirar a una persona esotérica y comprender lo cerca que esa persona se siente del Espíritu y que también puede mirar al banquero y ver lo mismo. Eso es la iluminación. Por lo tanto, un Ser Humano iluminado es el que emula los puros atributos de Dios en lugar de los de un sistema o de otro Humano. Este también es el atributo del Espíritu quién ve a cada Ser Humano sin prejuicio y sin condiciones predeterminadas y solo ve familia.

Estamos casi al comienzo del tour porque eso es lo que dijimos originalmente, ¿no es así? Os dijimos, "sin importar lo que veáis en los próximos días, buscad a Dios adentro". Esta fue una insinuación de la letra E. ¿Dónde estás con esto? ¿Puedes realmente...realmente, hacerlo?

Y así es.

La letra P (PAZ)

Dada en Kfar Hanokdim (poblado beduino en el desierto Negev) – martes en la tarde, 6 de octubre, 2015

Saludos queridos míos, soy Kryon del Servicio Magnético. Mi socio, quiero que vayas despacio. La canalización es una traducción. Aparece como grupos de pensamiento y paquetes intuitivos que le son presentados al cerebro tridimensional del Humano de tal manera que éste los traduce a algo lógico y a un lenguaje hablado. Quiero que esta canalización sea clara.

Vamos a estudiar la última letra y es la "P". Es la última letra, pero también es la primera. Por lo tanto es parte de este círculo del que hemos hablado. El círculo no tiene comienzo ni fin. La misma palabra Paz es así. La ves escrita en el barro de esta tierra y garabateada sobre los muros, representando una esperanza que parece tan elusiva. Lo que quiero hacer ahora es polémico de nuevo. Hace un par de canalizaciones os hablé de una profecía más grande en el planeta y ahora quiero contaros el resto de la historia.

Ha llegado el anochecer. No muy lejos de aquí está el Mar Muerto. Sopla la brisa y se siente el enfriamiento del aire del desierto. Para poder darles este último mensaje de la serie de Israel, estamos en un lugar profundo, un lugar antiguo. Deberíais saber que esotéricamente, este planeta ha tenido un equilibrio entre la oscuridad y la luz y seguramente reconocéis que aparentemente la oscuridad siempre ha sido la ganadora. Sin embargo, no estáis solos y habéis luchado con nosotros en las batallas entre la luz y la oscuridad durante eones.

Quienes han sido llamados trabajadores de la luz que han despertado al Dios único dentro de ellos, han luchado a través del tiempo para hacer que este mensaje sea escuchado. Las Almas Antiguas reunidas aquí y las que están escuchando y leyendo este mensaje, sin importar su cultura, sin importar dónde están en el planeta, saben de qué estoy hablando. El planeta ha tenido una energía baja por siglos y siglos y esto es lo que hemos enseñado, lo que os hemos dado con relación a las profecías y al cronograma de las profecías de los Antiguos de los nativos autóctonos. El calendario Maya que representa el panorama general de esta profecía, llega a decir algo que deberías saber. Que con una conciencia más alta, el equilibrio entre la luz y la oscuridad cambia. La luz comienza a hacerse más grande que la oscuridad. Ahora, esto suena extremadamente sencillo pero es la única manera como puedo decirte lo que voy a decirte a continuación. La luz va a ganar porque el equilibrio entre la oscuridad y la luz es ahora diferente. Algunos están comenzando a sentirlo, pero quizás no aquí.

Yo di una profecía en 2012 y también antes de esa fecha y los indicios de su validez están por todas partes. Os dije que cuando la luz comenzara a ser mayor que la oscuridad, la oscuridad reaccionaría. Os dije que habría un aumento de frustración y de acciones malvadas y de oscuridad en este planeta. Casi como haciendo un esfuerzo de último momento, la oscuridad sacaría fuerzas para combatir en esta última batalla. Os dije que la luz iba a ganar pero como un niño gritón al no conseguir lo que quiere, la oscuridad se volvería más fuerte y más atemorizante mientras más se acercara la luz. ¿Has visto algo de eso, israelí?

Déjame decirte algo: hay un ejército muy oscuro en tu frontera con Siria y tú no lo sabes pero a ellos les encantaría moverse en esta dirección – pero no pueden hacerlo. No pueden. No es solo por la fortaleza de Israel, sino porque Israel es intocable. Hay algo que deberías saber y te lo voy a decir ahora. Hay algo más que lo que hemos discutido antes en la frase "el pueblo elegido". Los escogidos para darle al planeta Tierra el Dios único, lo hicieron pero en el Akasha del judío israelí hay algo extremadamente esotérico y la prueba práctica de esto está en todas partes.

Después de 2012, vosotros los israelís, sois los que lograrían traer luz al planeta. Os dijimos esto. Ahora, quiero que pienses por un momento. Un propósito akáshico como éste, es conocido por la humanidad solo a un nivel muy, muy inconsciente. ¿Te has preguntado alguna vez, judío, qué hay detrás de todo aquello por lo que has pasado desde que llegaste aquí? ¿De qué se trata todo ese odio que hay hacia tu sociedad? ¿De qué se trata el antisemitismo? ¿Qué podría crear algo así? Los conquistadores se fijaban en vosotros y querían destruiros y destruían vuestros templos o cometían genocidios. Tiene que haber algo más aquí y acabo de deciros lo que es. Escuchadme: si el dictador hubiera logrado su propósito, él os habría eliminado porque sabía, a nivel de su subconsciente, que nunca podría ganar las batallas finales de la Tierra mientras hubiera judíos. Porque los judíos tienen una luz oculta que es la que va a crear la paz en la Tierra. Esto nunca habría funcionado para sus planes.

A dondequiera que miréis a aquellos que han tratado de eliminaros, encontráis oscuridad y maldad y esta es la oscuridad de la que hablamos hoy. Y continúa dándose. Está en tus noticias actualmente. Volvámonos prácticos: en la ciudad antigua de Jerusalén, continúa siendo así porque la oscuridad sabe que vais a ganar. ¡Está furiosa y sabe que vais a ganar! ¡No solamente tienes el Akasha para darle al planeta el Dios único sino también para traerle la paz! Es vuestro linaje y mientras existieseis, nadie podría detenerlo. La oscuridad siempre ha estado en contra de vosotros. Muchos que están escuchando esto dirán, *"¡esto no tiene sentido!"* Pero la compasión está trabajando para cada persona que está dentro de estas fronteras.

Acabo de darte la explicación esotérica de la razón de siglos de persecución. Quiero que pienses en esto. ¿Tiene sentido para ti? ¿Lo tiene? Entonces, déjame darte una parábola. A esta sociedad le encantan los relatos y tenéis bastantes de ellos.

Quiero darte la parábola de Wo, el labrador frustrado. Wo era un labrador y él sabía lo que hacía. Tenía las mejores herramientas y las mejores semillas y esperaba lograr las mejores cosechas del planeta. ¡Sin embargo estaba frustrado porque nada crecía! Peor que eso, parecía que en sus campos hubiera enemigos por todas partes. Escondían sus semillas, robaban sus semillas y mataban sus semillas. Sin importar lo que él hiciera, sus cultivos eran patéticos. Realmente nunca logró saber, por años y años y años qué era lo que pasaba allí. Nada crecía.

Muchos trataron de ayudarle. Venían con semillas finas y él las sembraba pero nada ocurría. ¡Estaba tan frustrado! Intuitivamente, sabía que sus semillas estaban conectadas con la gran Fuente Central y que si tan solo lograba que comenzaran a germinar, serían bellísimas. ¡Cambiarían la labranza de la tierra para siempre! Wo tenía un conjunto de semillas originales y ensayó con ellas muchas veces – no funcionaron. Las abandonó hace mucho tiempo. Lo intentó al máximo. Estaba frustrado.

Pasaron los años y algo ocurrió en el planeta. El clima cambió. Más que eso, había algo en el aire. Wo estaba frustrado y no creía que eso podía significar algo diferente para él, pero en todo caso pensó en ensayar de nuevo. Tomó las semillas originales que le habían dado y las sembró con estas nuevas condiciones. Mientras las empujaba dentro de la tierra, él sintió que entraban de una manera diferente; el suelo parecía más fértil. Wo sintió alguna esperanza. Las sembró todas. El cambio climático cooperó y él comenzó a regarlas.

Ahora, aquí es donde la parábola va en una dirección contraria a la que tú pensaste. Nada ocurrió y Wo se dijo a si mismo, *"¡lo sabía!"*. *"Nada nunca cambia. Esas semillas originales no funcionaron la primera vez y no van a funcionar ahora"*. Cada mañana salía y observaba las nuevas semillas y no pasaba nada. Esperaba tanto, pero nada pasaba. Finalmente, Wo falleció como un hombre frustrado. Sin embargo, Wo tuvo dos hijos y sus hijos sabían más. Ellos lo sintieron. No tenían la frustración que Wo tenía. Tenían una extraña esperanza renovada y también sabían que el clima estaba cambiando. Y sentían que algo estaba ocurriendo en la historia.

Los hijos observaban las semillas y tal como cuando Wo observaba, nada pasaba. Finalmente un día, cuándo las cosas realmente estaban comenzando a cambiar, ¡apareció un resultado! Las semillas comenzaron a germinar y a salir y los hijos se emocionaron. ¡Al día siguiente, estas semillas raras comenzaron a hundirse de nuevo en el suelo! Esto era sin duda muy raro. Al siguiente día volvieron a salir y al siguiente volvieron a hundirse. Finalmente, después de un tiempo, los hijos se dieron cuenta que las semillas estaban floreciendo; ¡estaban creciendo! Eran semillas poco usuales, semillas de compasión, diferentes a cualquiera que hubiera existido antes pero eran las originales y los hijos supieron que cuando llegara el momento preciso, ellos tendrían la mejor cosecha del planeta y podrían compartirla con todos.

Escucha, israelí, este es tu campo de siembra. Las cosechas representan la energía que hay aquí y el Akasha que tú llevas contigo. Ha habido frustración a lo largo de los años pues no era el momento correcto. Cuando Wo sembró las nuevas semillas lo hizo apropiada y correctamente. Había un nuevo clima y él lo sentía. Él sabía lo que sucedería aunque no estaría aquí para verlo. ¿Qué sucede cuando no siembras semillas, israelí? ¿Estás frustrado porque no tienes esperanza, porque el clima está cambiando? ¿Te parece que las cosas están retrocediendo y te rindes? En esta sociedad ha habido tanto valor, tanto heroísmo, tanto sufrimiento y tanta paciencia. Lo has visto en tus profetas una y otra vez.

No te detengas ahora simplemente porque antes no funcionó. Ya es el tiempo. Y si los mayores no lo ven, vosotros los jóvenes, sí lo veréis. No permitáis que los ejércitos oscuros os atemoricen. Porque tenéis la luz de lo que sigue después.

Escuchadme: el color está llegando.

Y así es. *Kryon*

Capítulo Diez

Cinco en un círculo

No todas las personas son iguales y Kryon ha estado dándonos mensajes sobre nuestras diferencias por muchos años. Sin embargo, esta fue la primera canalización en la que esbozó cinco tipos diferentes de personalidad que encajan todas en un rompecabezas. ¿El rompecabezas? Es aquel que muestra porqué somos tan diferentes y cómo de hecho, nos ayudamos unos a otros a través de estas diferencias. ¿Reconoces a alguien en este escenario canalizado? ¿Te reconoces quizás a ti mismo? El mensaje principal aquí es que todos estamos en un círculo aunque somos muy diferentes; nos apoyamos unos a otros de muchas maneras. Esta canalización es la más reciente (2016) de las incluidas en este libro y sigue siendo una de mis favoritas.

Lee Carroll

Capítulo Diez

"Cinco en un círculo"
Canalización en vivo de Kryon

Phoenix, Arizona

16 de enero 2016

Saludos queridos míos, soy Kryon del Servicio Magnético. Quisiera que ésta fuera una canalización informativa pero quiero que os sintáis relacionada con ella. Mi socio se hace a un lado completamente y no sabe lo que viene. Le he dado una idea de lo que tal vez vamos a hablar aquí para que no sea un misterio para él. Pero no sabe nada más.

Queridos míos, quiero hacer algo que algunas veces es peligroso para vuestra lógica. Es peligroso porque generalmente vuestra lógica interfiere cuando escucha nueva información y muchas veces os da falsas alarmas basadas en vuestros prejuicios. Entonces os pedimos que estéis abiertos para ideas nuevas bellísimas.

No me gusta daros listas porque siempre las convertís en algo jerárquico. El número uno es más importante que el número dos, etc. Cada vez que algo se entrega como "uno, dos, tres, cuatro", hay una tendencia del cerebro lógico a poner uno por encima del otro. Pero dejadme preguntaros, ¿qué otra opción tengo a la de daros una lista? No puedo darlo todo al mismo tiempo puesto que no podéis recibirlo así. Ciertamente eso sería cuántico y preferible pero debo dar las cosas una a una. Las enumero para que podáis sentir la energía de los números. Pero vuestra lógica tratará de ordenarlas en una jerarquía – un sesgo lineal que tenéis.

Voy a configurar esto de tal manera que sea comprensible para vosotros. Quiero daros información que ayuda a identificar los bellos roles de las Almas Antiguas y de los trabajadores de Luz que están trabajando diariamente en la solución de enigmas y rompecabezas de la nueva energía de este planeta. Para hacer esto, voy a tener que especificar quienes son algunos de vosotros debido al Akasha y a lo que estáis haciendo aquí. Os daré algunos nombres para que los consideréis y os ayuden a identificar los tipos de roles pero quiero que primero sepáis algo: voy a dar toda esta información "en un círculo". La lista es realmente un círculo y no una escalera lineal.

Piensa por un momento en un anillo. Es hermoso, ininterrumpido, intacto y circular. No importa dónde comienzas o en cuál dirección vas en el anillo puesto que siempre obtienes todos los atributos y todo el conocimiento pues todo regresa a donde comenzó o finalizó. Ahora voy a darte esta información de manera lineal, en esa línea recta que tú llamas tiempo. Pero ningún rol o nombre es más importante que el anterior o el que sigue. Lo que voy a darte no tiene ningún significado jerárquico.

Antes de comenzar, tengo que darte información que también se aplica a uno de los atributos espirituales más difíciles de la nueva energía: cuando el Espíritu habla a los Humanos o incluso a un Humano, solo puede dar un ítem a la vez. Algunas veces agarras el primer ítem y ni siquiera escuchas el número dos, tres o cuatro. ¡El número uno se vuelve tu verdad! Si abrieras tu corazón y tu mente y escucharas e interiorizaras todos, te darías cuenta que la verdad es más grande y serías una persona espiritual más sabia. Sin embargo, el sesgo de la humanidad es que singulariza una cosa a la vez y después actúa con base en esa sola idea.

Los sistemas espirituales en tu planeta normalmente tienen un propósito singular sin importar cuál es el sistema o cómo lo llamas. Te dan reglas y doctrinas y de ti depende el obedecerlas lo mejor que puedas. La idea es "igualdad de propósito" para todos aquellos involucrados en esa creencia específica. En algunos sistemas todos deben vestirse de la misma manera, actuar de cierta manera, meditar en un cierto lugar, orar a una cierta hora, hacer una reverencia en una cierta dirección, todo de la misma manera. Esto es visto como "honrar a Dios" y es lo que nosotros llamamos "supervivencia espiritual inicial". Es lo que te han dicho tus mayores sobre la manera como los Humanos funcionan con Dios.

Sin embargo, si observas bien cualquier sistema natural complejo de este planeta o de la galaxia, encontrarás que todas las partes hacen cosas muy diferentes cada una, para encajar en la misma meta. Si observas la física, cada parte hace algo diferente orientada hacia diferentes energías pero todas trabajando dentro del mismo sistema. Observa la química: las partes se unen profundamente para crear resultados elegantes que son más grandes que las partes. A dondequiera que mires en la naturaleza, es lo mismo: un sistema soporta al otro. El sistema mismo de la vida en tu planeta, con el oxígeno y el dióxido de carbono, es un sistema simbiótico cooperativo que te mantiene vivo. El fino reloj suizo solo puede operar si todas las ruedas y engranajes hacen su trabajo.

¿Qué tal si de repente yo te dijera que todas esas partes van a vestirse igual y a hacer lo mismo y que van a ignorar o a pelear con las otras partes? Tú dirías, "¡No va a ser una solución funcional para nada!¡ Tienen que cooperar o de lo contrario todo se detendrá!"

Estarías en lo correcto. ¿Ves quizás la necesidad de volverte menos lineal en estos tiempos?

Queridos míos, hay una nueva y sabia energía en este planeta y hay un sistema frente a vosotros que las Almas Antiguas están comenzando a ver. Entonces, retrocedamos un poquito y repasemos: estáis aquí por una razón y por un propósito. Muchos han despertado a una verdad más grande – una verdad tan grande y tan hermosa como jamás se ha visto antes en la Tierra. Es una verdad que no daña a nadie. Una verdad que realza a toda la humanidad sin importar lo que otros crean. La verdad es esta: Dios está dentro de ti y todos sois una familia espiritual. Otra verdad: la energía de este planeta está cambiando, facilitando una mayor sabiduría. Otra verdad: aquellos que han nacido repetidamente en este planeta, durante eones, llevan consigo la mayor sabiduría especialmente en estos tiempos. Son llamados Almas Antiguas. Otra verdad: estas Almas Antiguas están despertándose a diferentes tareas para proveer una solución más elegante en esta nueva energía.

Los tipos de Almas Antiguas – cinco en un círculo

Quiero hablar sobre los varios espacios en los que encajas – los roles que juegas en el círculo de cinco. Suena muy lineal y es posible que te reconozcas a ti mismo. Es complejo pero voy a simplificarlo. Hoy solamente voy a crear cinco espacios.

Todo lo que yo diga de ahora en adelante va a ser analizado por muchos más tarde. Esto es típico del trabajo de Kryon. Encontrarás significados ocultos en la mayoría de mensajes y específicamente en la numerología. Queridos míos, os doy mensajes dentro de mensajes para que podáis estudiar estas cosas más tarde y ver que hay mucho, mucho más de lo que yo presento en el lenguaje de mi socio.

Permite que éste sea un tiempo para la comprensión. No solo comprensión sino celebración. Hay quienes están escuchando y leyendo esto más tarde que necesitan oír estas nuevas verdades. A veces miras a los profesores, autores y líderes de esta Nueva Era y crees que tú no estás haciendo lo suficiente. Pero no es así. Es solo una percepción lineal basada en un sistema viejo de lo que crees que es o no importante.

Es fácil de entender: cada uno tiene diferentes tareas espirituales en este momento y lo que las direcciona y te coloca en el círculo que queremos mostrarte es tu Akasha. La energía de quién fuiste y de lo que has hecho, crea quién eres tú ahora. Crea tu propósito espiritual y otros atributos normales de la vida: aquello en lo que estás interesado, tus talentos y tus miedos. Pero en esta discusión estamos hablando de Almas Antiguas y de propósito espiritual. Estamos hablando de lo que estás haciendo actualmente en este cambio y de porqué estás aquí.

Tal como lo mencioné, es peligroso categorizar a los Humanos de cualquier manera debido a la singularidad de tu sesgo. Automáticamente lo llevas más allá. Es posible que digas, *"bueno, yo estoy en esta categoría o rol llamado esto o aquello y por lo tanto no estoy haciendo lo suficiente puesto que otras categorías son más importantes".* Debo pedirte que suspendas todo eso y que solamente me escuches. Quiero contarte sobre las Almas Antiguas, lo que hacen y como ellas trabajan juntas en un hermoso círculo dorado. Es un círculo de amor y de creación. Las Almas Antiguas vienen a este planeta con una solución perfecta y en número perfecto y crean un equilibrio perfecto – ¡y tú ni siquiera sabes que hay un sistema!

Rol número uno – entrelazamiento akáshico

Quiero comenzar con mi socio y sus semejantes. Utilizaré una terminología que no he usado antes: entrelazamiento akáshico. ¿Qué sabes sobre la palabra entrelazamiento (*entanglement* en inglés)? Muy poco de hecho. Es una palabra relativamente nueva, creada por los físicos que básicamente significa realidad compartida. Si dos cosas están entrelazadas en la física, ambas tienen la misma realidad aún si están en diferentes lugares. Es una expresión cuántica, una realidad compartida que incluso puede estar en diferentes lados de la galaxia.

Quién está entrelazado con su propio Akasha, está compartiendo la realidad de algo que lo empuja desde el pasado. Para esta persona es difícil discriminar la realidad que es de la Tierra de aquella que es de su pasado akáshico o de una realidad que existe en el otro lado del velo. Ellos son "impulsados" por sus percepciones akáshicas.

Ahora, hay una palabra que se utiliza en astrología y que es una metáfora de esta persona. La palabra es YOD – Y - O – D. En astrología es la alineación de tres planetas que es única y especial y que no sucede frecuentemente. Para aquellos que nacen con ella, crea una energía que focaliza al individuo de una manera específica (y difícil de entender). Ellos viven y respiran por aquello que creen que deben hacer y esto viene de su Akasha. No es que llegue de repente, queridos míos, porque naces con estos atributos. Como todas las energías astrológicas posicionan tus potenciales, si es que te despiertas a ellos. En otras palabras, si eliges no aceptar estas cosas nunca te sucederán pero una vez que comienzas a examinarlas, te "conquistarán" de buena manera y te empujarán tan fuertemente que todo lo que hagas tratará de una sola cosa. ¡Te conviertes en un Alma Antigua ultra focalizada en Dios!

Esta categoría de Almas Antiguas entrelazadas con el Akasha es para aquellos que constantemente se sienten empujados a hacer un trabajo. Algunos son canalizadores; algunos son autores o escritores; otros son oradores. Sus vidas parecen normales pero no lo son. Todo lo que hacen cuando están despiertos, es pensar en porqué están aquí. Se empujan a sí mismos constantemente con la energía del Akasha hasta el último aliento. Para ellos todo tiene que ver con una sola cosa focalizada. Es hermoso porque logran hacer mucho. Pero al mirarlos otros piensan y dicen, *"¡Oh mira eso! Yo debería hacer eso. ¡Realmente no estoy haciendo nada que pueda compararse con eso!"*, o *"¡Mira esto! Nunca tienen tiempo para nadie ni para nada excepto para su propio trabajo"*. Entonces, en el marco de esta discusión, quiero hablar de este pensamiento tan sesgado que existe entre los trabajadores de la luz.

Queridos míos, en las cinco categorías tiene que haber los que tienen un Akasha entrelazado con el fin de empujar esta nueva energía hacia adelante rápidamente, tal como lo hacen. Tiene que ser así. Mi socio lo sabe y está viéndose a sí mismo cambiar. Se ha dado cuenta que esto es todo lo que va a hacer en su vida. Se da cuenta que nunca va a jubilarse. De alguna manera esto sería como una traición a su Akasha. Va a empujar hacia adelante hasta terminar y conoce a otros que son como él. Es lo único que quieren hacer. Ven la belleza y el esplendor del otro lado del velo y lo único que pueden hacer es hablar, escribir y enseñar sobre ello y serlo.

Eso es entrelazamiento akáshico. Mi socio ya se siente cómodo con esto y es todo lo que quiere hacer. Ese es el número uno. ¿Recuerdas lo que significa el uno en numerología? Representa la energía de nuevos comienzos. Es todo el propósito de aquellos que están empujados por su entrelazamiento akáshico. Están tan concentrados en todo lo que hacen y en dondequiera que vayan que todo representa un nuevo comienzo. No terminan nada y frecuentemente no miran hacia atrás para revisar lo que hicieron. Nunca se completa. Siempre todo es nuevo. Número uno.

Rol número dos – entrelazamiento akáshico parcial

El número dos es similar – Akasha parcialmente entrelazado. Está representado por aquellos que no sienten tanto empuje pero aun así sienten como si lo tuvieran. Sin embargo, están un poquito más relajados con esto. Les parece bien retirarse o relajarse en la vida pero siempre sienten que tienen un sólido propósito en este planeta.

Ahora estos, los del número dos, se ocupan en cosas de la dualidad y de la 3D. Se ocupan más del cuerpo Humano. Son sanadores y son quienes están buscando soluciones para apoyar al número uno. ¡El número uno se sobrepasa en trabajo y necesita el número dos para sanarlo!

Los individuos cuyo Akasha está parcialmente entrelazado, frecuentemente son trabajadores del sistema y lo tienen bien resuelto. Ellos desarrollan sistemas que ayudan a la humanidad. También están focalizados y recuerdan que fueron sanadores antes. Pueden recordar algunos de los sistemas con los que están trabajando porque los han utilizado antes. Están tan seguros de ellos que quieren escribir al respecto y enseñarlo. Es tan obvio para ellos. Administran los nuevos sistemas y les encanta organizar las cosas.

Son un grupo de soporte para la humanidad ¡y también para el número uno! El número uno sigue adelante y trabajando sin comer a menos que tenga a alguien que le diga que debe comer. ¡El número dos desarrollará un sistema sobre lo que se debe comer! Hay una hermosa simbiosis aquí. De nuevo, es como un reloj suizo en el que un engranaje encaja con el otro. Lo que une a estos cinco y te lo digo aún antes de hablarte del resto de ellos, es la sincronicidad.

Cuando termine de hablar hoy, te habré dado cinco tipos y roles. Tú tienes la tendencia inmediata a decir, *"¿cuál tipo soy yo?"* Bueno, querido lineal, ¿no te he dicho acaso que puedes ser una combinación? ¿Te dije acaso que hay un cruce? ¿Te dije que hay áreas grises? ¿Te dije que es algo cuántico? No trates de encajarte a ti mismo en estos espacios. Solamente reconoce que existen y es posible que encajes perfectamente en uno de ellos o hasta cierto punto, en varios. Pero comprende que tú eres parte del mecanismo de este hermoso reloj que se mueve en tu propio tiempo y en el cual todos encajan. Uno encaja con el otro porque todos se apoyan unos a otros. Solo espera a que te hable del número tres.

Rol número tres – los meditadores

El número tres es la energía del catalizador. Mueve cosas. La misma existencia del rol número tres es catalítica. Un catalizador es algo que se mantiene igual pero cambia aquellas cosas con las que hace contacto. Te diré quiénes son estos. ¡Son los meditadores del planeta! Su Akasha se siente cómodo haciendo esto porque pueden sentarse y meditar por días y quedan renovados. Frecuentemente se sientan en una sola posición durante toda la meditación.

¿Qué están haciendo realmente? Están sosteniendo la energía de todos los otros juntos porque su conciencia es estable. No confundas esto con un ancla porque no lo es. Sostiene la armonía. Es silencioso y hermoso y establece un escenario que los demás sienten. Quiero hablarte de ese reloj y del círculo. Cuando el número uno se frustra, el número tres es parte de él. Siente el número tres y eso satisface su necesidad de relajación. El lado meditativo no es parte del número uno: ¡empuja, empuja y arranca!

Pero el número tres lo lleva a otro nivel de una manera cuántica que comparte con el número uno y el número dos. Entonces, ambos llegan a tener paz y se relajan y saben que todo está bien – todo esto debido a que el número tres está aquí haciendo su trabajo. ¿Ves cómo todo esto funciona junto?

El número tres ha tenido vidas siendo monje por todo el planeta y ha aprendido a estar quieto y a tan solo ser. ¡Hay tanto poder aquí, en este meditador cuántico! Dime, como trabajador de la luz has mirado alguna vez al número tres diciendole, *"¿Cómo puedes hacerlo? Eso no es para mí. ¡Te sientas ahí – por horas y horas!"* Ahora ya lo sabes. Ellos están ahí y estabilizan el planeta. Estabilizan y armonizan todos los otros números porque los absorben y les dan paz. Crean un semblante lleno de paz y lo que sea que llega a su camino adquiere más paz debido a eso.

El número uno y el número dos necesitan desesperadamente al número tres, pero el número tres también necesita al uno y al dos. ¡Y es porque con tan solo estar ahí, quieto, no logra lo que pueden hacer el número uno y el dos! ¿Comienzas a entender el círculo? ¿Tiene sentido para ti? ¿Tiene sentido que haya un sistema en el cual las Almas Antiguas hacen cosas diferentes para hacer funcionar el planeta? No son uniformes, no son todas del mismo género, ni de la misma doctrina o sistema de creencia, no están haciendo lo mismo, no cantan las mismas canciones sino más bien son completamente únicas y diferentes y sin embargo encajan perfectamente como en un fino reloj suizo.

Rol número cuatro – el que abraza los árboles

¿Qué crees que es el número cuatro? Si sabes de numerología, sabrás que el número cuatro es el número de Gaia. ¿Me has escuchado decir antes que Gaia está relacionada con la conciencia

Humana? El planeta Tierra está profundamente conectado contigo. ¡Si preguntas a los Antiguos al respecto, te dirán que eso es lo primero que supieron! No había tecnología en ese entonces. Gaia les daba el alimento, les mostraba donde cazar y pescar y les daba buen clima cuando lo necesitaban. Todo esto era para ellos lo más importante y lo más espiritual. Gaia estaba conectada con Dios.

Queridos míos, habéis perdido eso y hoy en día esa conexión profunda ya no es tan importante para vosotros pero puede serlo de nuevo. Déjame hablarte sobre el número cuatro: algunos de estos Humanos ni siquiera saben que son trabajadores de Luz. ¡Solamente saben que están conectados con la Tierra! ¡Y se sienten apasionadamente conectados con la Tierra! No puedes desprenderlos de un árbol cuando lo están abrazando. Sienten la necesidad de ser parte de Gaia todo el tiempo.

Llega una pregunta de la audiencia [que está siendo recibida por intuición]: *"Querido Kryon, con respecto a estos cinco roles, ¿puede alguien cambiar de uno al otro y al otro en una sola vida?"* Humanos, ¿porque hacéis esto? ¡Estáis intelectualizando la minucia del lenguaje incluso antes de que esté completo! Sí, tú puedes hacer lo que quieras puesto que tienes un Akasha muy rico. Piensa en esto: ¿puede un número tres volverse un cuatro? ¿Puede un número cinco, del cual no te he hablado todavía, volverse un uno? El sistema es un círculo, entonces ¡por supuesto que puedes hacerlo! Hay formas para que recojas energías, aprendas cosas y te muevas alrededor del círculo. Es dinámico y hermoso. Los Humanos creen que cuando aprenden algo, eso es puesto en un lugar y se queda ahí fijo para siempre. Es como entrar en una caja y cerrar la puerta y vivir siempre con eso. Queridos míos, sois parte del círculo y os movéis con él.

Aquel que susurra a los animales y que es un amante de los animales también es un número cuatro. Es alguien que literalmente puede hablarle a la conciencia de los animales o comprenderlos. ¡El número cuatro también es aquel que le habla a las plantas y que siente que las plantas tienen algo que decir! Ellos aman al planeta. Ese es el número cuatro.

Ahora, si eres un número tres y estás contemplando tu ombligo durante tres días, no vas a comprender al jardinero que se levanta muy temprano en la mañana para sembrar plantas y le encanta hacerlo, ¡adora hacerlo! Pero si estás en un círculo, trabajando con otros y estáis un poquito entrelazados, entonces todos os estáis ayudando unos a otros y todos los demás tienen un poquito de tu especialidad. ¿Escuchaste esto? Es parte de un sistema grandioso.

El que susurra a los animales lo está haciendo también por el número uno y el dos y el tres. Sin embargo, el número uno, o el dos, o el tres, probablemente no lo saben y no lo escuchan, pero en todo caso está ocurriendo. Tiene que ser así, porque la conciencia Humana está conectada de forma cuántica, no está aislada. ¿Crees que tienes un alma haciendo una cosa? Mi socio te mostró hoy que la confluencia de la conciencia es lo que mueve las cosas. No una, ni dos, ni tres, sino la confluencia de muchas juntas. Estoy diciéndote que hay un círculo de trabajadores que se ayudan unos a otros porque entremezclan sus consciencias pero cada uno tiene su especialidad. Cuando estas especialidades se juntan, crean equilibrio. ¿Te recuerda esto a la "madre naturaleza"?

Así es un sistema cuántico. Está hecho de muchas partes que se mezclan con otras, sin embargo unas no conocen a otras y ni siquiera se comprenden unas a otras. Recibes ayuda de los que están meditando incluso si no eres un meditador. Se vuelven parte de ti. El todo es más fuerte que las partes debido a esto. Ese fue el número cuatro.

Oh, hay tantos número cuatro. Algunos Humanos no se alejan de la percha del amor al planeta Tierra y ni siquiera se llaman a sí mismos Almas Antiguas. Simplemente sienten que son trabajadores de la Tierra. Ni siquiera saben de su Akasha. Solamente saben, por alguna razón, que lo único que quieren hacer es estar con la naturaleza y con los animales. Eso es todo lo que quieren hacer, sin darse cuenta que lo comparten con el número dos y el número tres. El que está trabajando con los sistemas (el número dos), también está abrazando al árbol debido al número cuatro. Esa gran paz de la Tierra es generada por el número cuatro quién es ayudado por el número tres que se sienta durante horas, quieto y en paz para todos. El número uno continúa saliendo y empujando y empujando y empujando. Y eso es para cambiar el planeta para el resto de ellos. Es un sistema hermoso.

Rol número cinco — Anclas

El número cinco es el último, por ahora. El significado del número cinco es cambio. ¿Quién es el que más cambia al planeta? Bueno, algunos dirían que tiene que ser el número uno. No, no lo es. El número uno hace su trabajo de una manera tan focalizada y precisa que tomará años lograr hacer una diferencia. Incluso cuando lo logre, será significativo solo para algunas personas. No, es el número cinco el que logra hacer la mayor diferencia, el mayor cambio. El número cinco tiene mayor cantidad de Almas Antiguas que los otros compartimentos. Yo los llamaré Anclas. Ellos anclan al número uno, dos, tres y cuatro.

Si eres un número cuatro, ¿de qué le sirve al planeta que pases toda tu vida abrazando un árbol? ¿A quién le vas a hablar? ¿A quién vas a ayudar? La respuesta es, "a todos los demás". Esto se debe a tu relación con el planeta. ¿Ves cómo funciona esto? El número cinco va a anclar al número cuatro y especialmente al número tres, quién podría irse flotando si no tiene algo al cual aferrarse. El número uno ni siquiera quiere detenerse a oler las rosas.

Los número cinco son las Almas Antiguas que van por sus vidas sin escribir un libro, sin estar en el escenario y sin hacer nada "importante", tal como ellos perciben lo importante. Ellos caminan día a día sin comprender que están en este planeta esparciendo la acción compasiva. Compasión es la palabra clave y la hemos utilizado una y otra vez. Es lo que este planeta necesita para cambiar y es lo que ancla el equilibrio.

Diariamente, el Alma Antigua va a trabajar, tiene amigos y familia, va a la escuela y hace todas esas cosas que la vida ofrece. Realmente es solo el número cinco el que entra en contacto con otros en el planeta. Y es la manera como tratan a otros Humanos lo que constituye el ancla. ¿Cómo actúas en las autopistas de la vida, Alma Antigua? ¿Compasivamente? ¿Ves a Dios en otros? El número cinco es aquel que ancla y ayuda más a este planeta que todos los otros juntos. El ancla esparce la compasión que este planeta necesita para que los otros números puedan trabajar en sus especialidades.

¿Quién eres tú? Quizás eres una combinación de varios y eso está bien porque estas categorías no son realmente singulares. Las he puesto en cinco compartimentos pero ahora voy a romper los muros de los compartimentos y a mezclar del número uno al cinco en una licuadora. Eso es cuántico. Es posible que no lo comprendas, querido mío, pero al menos ahora ya sabes que hay un bello sistema que honra las diferencias. Es por eso que hay intereses tan variados en la espiritualidad. Algunos preguntarán, *"¿Cuál soy yo? No creo ser ninguno de ellos"*. ¡Lo que no comprendes es que estás haciéndolo todo! Estás apoyando a todos los demás y probablemente eres un número cinco.

Número cinco, quiero que escuches esto: lo que estás haciendo, tan solo caminando por este planeta de una manera compasiva, es crítico para el sistema. Sin esto, los números uno a cuatro no lograrían nada. El número uno puede martillar el mensaje a una Tierra desapasionada e indiferente y no importará, a menos que tenga apoyo. El número dos puede tener sistemas y dárselos a una Tierra desapasionada e indiferente pero nadie va a escucharlo a menos que tenga apoyo. El número tres puede sentarse y reflexionar y meditar durante años pero no logrará ayudar a una Tierra a la que nada le importa. El número cuatro puede abrazar cuantos árboles quiera y estar conectado con Gaia, pero si no hay una Tierra compasiva, nada cambiará. ¿El número cinco? Pareciera que estoy diciendo que es el más importante, pero no realmente. Por sí solo, sin los otros, el número cinco tampoco puede lograr mucho. El número cinco puede ayudar a preparar el planeta pero como el agricultor que prepara el suelo, sin las semillas no hay crecimiento. De nuevo es como el reloj suizo. ¿Cuál pieza es la más importante?

Cuando salgas de este lugar piensa en esto: la conciencia de la humanidad todavía sigue revolcándose en la vieja energía. ¿Has visto los programas que te ofrecen en los medios? ¡Puedes sintonizarlos y observar familias peleando e insultándose! ¿No tienes suficiente de eso en casa como para que quieras verlo en los medios? En cambio, ¿qué tal más bien mirar programas que tienen elementos compasivos? Hay historias maravillosas de heroísmo en las familias, historias de amor, victorias bellísimas. ¡Permite que el drama sea con lágrimas de alegría y compasión! ¿Funcionará? Sí lo hará, algún día.

Queridos míos, esta es la forma como las Almas Antiguas y los Humanos con mentalidad espiritual trabajan en esta nueva energía. Es un sistema organizado por Almas Antiguas y trabajadores de la Luz en el cual cada uno juega su rol específico.

No todos hacen lo mismo ni siguen una sola regla. Es una confluencia de energía que trabaja este rompecabezas en un hermoso círculo dorado. No todos tienen que usar la misma ropa o mirar en la misma dirección o hablar el mismo lenguaje para cambiar el planeta. Incluso ni siquiera tienen que conocerse unos a otros.

Este es tan solo el comienzo y habrá más pero la premisa es clara: cada uno tiene su nicho, dependiendo de quién es y de cuántas vidas ha tenido en la Tierra. Las Almas Antiguas son las más experimentadas y serán las primeras en reconocer este mensaje. Este sistema comienza a explicar porque algunos de vosotros son llamados a hacer ciertas cosas y otros no. Querido mío, no te sientas vencido mentalmente por creer que no llegas a la altura de tu vecino del cual tú crees está haciendo algo más importante que lo que tú haces. Dios os ve a todos iguales, trabajando juntos el rompecabezas.

Sal de este lugar diferente de como llegaste con un conocimiento alentador y con un cambio de actitud hacia lo que puede estar ocurriéndote. Eso es suficiente por ahora.

Yo soy Kryon, enamorado de la humanidad.

Y así es.   *Kryon*

Original Kryon Europa

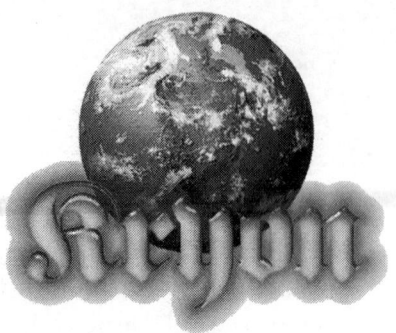

La página dedicada a los eventos de Kryon- Lee Carroll en Europa.

Mantente informado de la actualidad de Kryon : libros, eventos, audio.

www.OriginalKryonEuropa.com

www.VesicaPiscis.eu

vesica piscis

el futuro es ahora
Libros para pensar y evolucionar.